CONTES DE FÉES

VERHALEN VAN FEËEN
[SPROOKJES]

ISBN: 978-1-989643-20-4

BER UDA WORD

Beste Lezer en Talen student!

Je leest de interlineaire editie van onze Bermuda Word pop-up e-boeken die we verkopen op learn-to-read-foreign-languages.com. Voor je Frans begint te lezen, lees alsjeblieft de uitleg van onze methode.

Daar we willen dat je Frans leest en leert bestaat onze methode primair uit woord-voor-woord vertalingen en idiomatisch Nederlands waar nodig. Zie dit voorbeeld voor Frans:

Il   y   avait   du   vin
Het er   had   van de wijn
[Er was wijn]

Deze methode betekent dat we een dubbel interlineair formaat gebruiken. Door de kleuren van het Frans en de interlineaire vertalingen te contrasteren hopen we de originele tekst leesbaar te houden.

En vergeet niet een kijkje te nemen naar onze Windows e-boeken met geïntegreerde software die we aanbieden op learn-to-read-foreign-languages.com! Zie info over Korting op de laatste pagina!

Bedankt voor het geduld, veel plezier met lezen en leren!

Kees van den End

TABLE   DES   MATIÈRES
TAFEL   VAN DE   INHOUD
[INHOUDSOPGAVE]

4 Les Trois Ours

LES   TROIS   OURS
DE   DRIE   BEREN

Il   y   avait   une   fois   un,   deux,   trois   ours: Papa   ours,
Het er had   een   keer   een   twee   drie   beren   Pappa   beer
(Er waren)

Maman   ours,   et   Petit   ours.
Mamma   beer   en   Kleine   beer

Les   trois   ours   demeuraient   dans   une   petite   maison,   dans
De   drie   beren   verbleven   in   een   klein   huis   in
(woonden)

une   grande   forêt.
een   groot   bos

Dans   la   maison,   il   y   avait   trois   lits: un   grand   lit   pour
In   het   huis   het er had   drie   bedden   een   groot   bed   voor
(er waren)

Papa   ours,   un   lit   moyen   pour   Maman   ours,   et   un   petit
Pappa   beer   een   bed   gemiddeld   voor   Mamma   beer   en   een   klein

lit   pour   Petit   ours.
bed   voor   Kleine   beer

6   Les Trois Ours

Il   y   avait   aussi   trois   chaises: une   grande   chaise   pour
Het er had   ook   drie   stoelen   een   grote   stoel   voor
(Er waren)

Papa   ours,   une   chaise   moyenne   pour   Maman   ours,   et
Pappa   beer   een   stoel   gemiddeld   voor   Mamma   beer   en

une   petite   chaise   pour   Petit   ours.
een   kleine   stoel   voor   Kleine   beer

Il   y   avait   aussi   trois   assiettes   et   trois   cuillères: une
Het er had   ook   drie   borden   en   drie   lepels   een
(Er waren)

grande   assiette   et   une   grande   cuillère   pour   Papa   ours,
groot   bord   en   een   grote   lepel   voor   Pappa   beer

une   assiette   moyenne   et   une   cuillère   moyenne   pour
een   bord   gemiddeld   en   een   lepel   gemiddeld   voor

Maman   ours,   et   une   petite   assiette   et   une   petite   cuillère
Mamma   beer   en   een   klein   bord   en   een   kleine   lepel

pour   Petit   ours.
voor   Kleine   beer

7   Les Trois Ours

Un   jour   Papa   ours   dit   de   sa   grande   voix: "J'ai   faim."
Eén   dag   Pappa   beer   zei   van   zijn   grote   stem   Ik heb   honger
(Op een)   (met)   (luide)

"Oui,"   dit   Maman   ours   de   sa   voix   moyenne,   "J'ai   faim."
Ja   zei   Mamma   beer   van   haar   stem   gemiddeld   Ik heb   honger
                  (met)

Et   Petit   ours   dit   de   sa   petite   voix: "Oui,   oui,   j'ai
en   Kleine   beer   zei   van   zijn   kleine   stem   Ja   Ja   ik heb
                  (met)   (zachte)

faim."
honger

Les   trois   ours   firent   la   soupe.   Alors   ils   versèrent   la
De   drie   beren   maakten   de   soep   Toen   zij   schepten   de

soupe   dans   les   trois   assiettes.   Ils   versèrent   une   grande
soep   in   de   drie   borden   Ze   schepten   een   grote

portion   dans   la   grande   assiette   pour   Papa   ours.
portie   in   het   grote   bord   voor   Pappa   beer

8 Les Trois Ours

Ils versèrent une portion moyenne dans l'assiette de
Ze schepten een portie gemiddeld in het bord van

Maman ours, et une petite portion dans la petite
Mamma beer en een kleine portie in het kleine

assiette de Petit ours.
bord van Kleine beer

Alors Papa ours prit la grande cuillère, goûta la soupe
Toen Pappa beer nam de grote lepel proefde de soep

et dit: "La soupe est trop chaude." Maman ours prit la
en zei De soep is te heet Mamma beer nam de

cuillère moyenne, goûta la soupe et dit: "Oui, la soupe
lepel gemiddeld proefde de soep en zei Ja de soep

est trop chaude," et Petit ours prit la petite cuillère,
is te heet en Kleine beer nam de kleine lepel

goûta la soupe et dit: "Oui, oui, la soupe est trop
proefde de soep en zei Ja Ja de soep is te

chaude."
heet

9   Les Trois Ours

Alors Papa ours dit: "Allons nous promener dans la
Toen Pappa beer zei Laten we gaan wandelen in het

forêt." "Oui," dit Maman ours, "allons nous promener dans
bos Ja zei Mamma beer laten we gaan wandelen in

la forêt ;" et Petit ours dit: "Oui, oui, allons nous
het bos en Kleine beer zei Ja Ja laten we gaan

promener dans la forêt."
wandelen in het bos

Les trois ours partirent. Ils laissèrent la porte de la
De drie beren vertrokken Ze lieten de deur van het

maison ouverte, et la soupe sur la table. Une petite
huis geopend en de soep op de tafel Een klein

fille passa. Elle vit la petite maison, elle vit la porte
meisje kwam voorbij Ze zag het kleine huis ze zag de deur

ouverte, et elle vit la soupe sur la table. Elle dit:
geopend en ze zag de soep op de tafel Ze zei

"J'ai faim," et elle entra dans la maison.
Ik heb honger en ze ging binnen in het huis

10 Les Trois Ours

Elle prit la grande cuillère, goûta la soupe dans la
Ze nam de grote lepel proefde de soep in het

grande assiette, et dit: "Cette soupe est trop chaude."
grote bord en zei Deze soep is te heet

Alors elle prit la cuillère moyenne, goûta la soupe dans
Toen zij nam de lepel gemiddeld proefde de soep in

l'assiette moyenne, et dit: "Cette soupe est trop froide."
het bord gemiddeld en zei Deze soep is te koud

Alors elle prit la petite cuillère, goûta la soupe dans la
Toen zij nam de kleine lepel proefde de soep in het

petite assiette, et dit: "Cette soupe est excellente." La
kleine bord en zei Deze soep is perfect Het

petite fille mangea toute la soupe.
kleine meisje at al de soep

Alors la petite fille dit: "Je suis fatiguée, où y a-t-il
Toen het kleine meisje zei Ik ben moe waar er heeft het
(is)

une chaise?"
een stoel

11 Les Trois Ours

Elle vit les trois chaises. Elle alla à la grande chaise,
Ze zag de drie stoelen Ze ging naar de grote stoel

s'assit, et dit: "Cette chaise n'est pas confortable." Elle
ging zitten en zei Deze stoel is niet comfortabel Ze

alla à la chaise moyenne, s'assit, et dit: "Cette chaise
ging naar de stoel gemiddeld ging zitten en zei Deze stoel

n'est pas confortable." Alors elle alla à la petite chaise,
is niet comfortabel Toen zij ging naar de kleine stoel

s'assit, et dit: "Cette chaise est très confortable." Alors
ging zitten en zei Deze stoel is zeer comfortabel Toen

la petite fille sauta de joie et la chaise se cassa!
het kleine meisje sprong van vreugde en de stoel brak

La petite fille dit: "J'ai sommeil, où y a-t-il un lit?" Elle
Het kleine meisje zei Ik heb slaap waar er heeft het een bed Zij
(is er)

vit les trois lits. Elle alla au grand lit, se coucha, et
zag de drie bedden Ze ging naar het grote bed ging liggen en

dit: "Ce lit n'est pas confortable."
zei Dit bed is niet comfortabel

12   Les Trois Ours

Elle   alla   au   lit   moyen,   se   coucha,   et   dit: "Ce   lit
Ze   ging   naar het   bed   gemiddeld   ging liggen   en   zei   dit   bed

n'est   pas   confortable."   Alors   elle   alla   au   petit   lit,
is niet   comfortabel   Toen   zij   ging   naar het   kleine   bed

se   coucha,   et   dit: "Ce   lit   est   très   confortable,"   et   la
ging liggen   en   zei   dit   bed   is   zeer   comfortabel   en   het

petite   fille   s'endormit.
kleine   meisje   sliep in

Vingt   minutes   après   les   trois   ours   arrivèrent.   Papa   ours
Twintig   minuten   later   de   drie   beren   arriveerden   Pappa   beer

regarda   sa   grande   cuillère   et   sa   grande   assiette,   et   dit
keek naar   zijn   grote   lepel   en   zijn   grote   bord   en   zei

de   sa   grande   voix: "Quelqu'un   est   entré   et   a   goûté
van   zijn   grote   stem   Iemand   is   binnengegaan   en   heeft   geproefd
(met)

ma   soupe."   Maman   ours   regarda   sa   cuillère   et   son
mijn   soep   Mamma   beer   keek naar   haar   lepel   en   haar

assiette,   et   dit:
bord   en   zei

13 Les Trois Ours

"Oui, quelqu'un est entré et a goûté ma soupe," et
Ja iemand is binnengegaan en heeft geproefd mijn soep en

Petit ours regarda sa petite cuillère et sa petite assiette,
Kleine beer keek naar zijn kleine lepel en zijn kleine bord

et dit de sa petite voix: "Oui, oui, quelqu'un est entré
en zei van zijn kleine stem Ja Ja iemand is binnengegaan
(met)

et a mangé toute ma soupe."
en heeft gegeten al mijn soep

Papa ours regarda sa grande chaise et dit de sa
Pappa beer keek naar zijn grote stoel en zei van zijn
(met)

grande voix: "Quelqu'un est entré et s'est assis sur ma
grote stem Iemand is binnengegaan en is gaan zitten op mijn
(luide)

chaise." Maman ours regarda sa chaise, et dit: "Oui,
stoel Mamma beer keek naar haar stoel en zei Ja

quelqu'un est entré et s'est assis sur ma chaise."
iemand is binnengegaan en is gaan zitten op mijn stoel

14 Les Trois Ours

Et Petit ours regarda sa petite chaise, et dit de sa
en Kleine beer keek naar zijn kleine stoel en zei van zijn
(met)

petite voix: "Oui, oui, quelqu'un est entré et a cassé
kleine stem Ja Ja iemand is binnengegaan en heeft gebroken

ma petite chaise."
mijn kleine stoel

Alors Papa ours regarda son grand lit et dit de sa
Toen Pappa beer keek naar zijn grote bed en zei van zijn
(met)

grande voix: "Quelqu'un est entré et s'est couché sur
grote stem Iemand is binnengegaan en is gaan liggen op
(luide)

mon grand lit." Maman ours regarda son lit, et dit:
mijn grote bed Mamma beer keek naar haar bed en zei

"Oui, quelqu'un est entré et s'est couché sur mon lit."
Ja iemand is binnengegaan en is gaan slapen op mijn bed

Et Petit ours regarda son petit lit, et dit de sa petite
en Kleine beer keek naar zijn kleine bed en zei van zijn kleine
(met)

voix:
stem

15 Les Trois Ours

"Oui, oui, une petite fille est couchée sur mon petit
Ja   Ja   een   kleine   meisje   is   liggend   op   mijn   kleine

lit."
bed

Les trois ours s'approchèrent: "Oh!" dit Papa ours, "cette
de   drie   beren   kwamen naderbij   Oh   zei   Pappa   beer   dit

petite fille est jolie." Maman ours dit: "Oh, oui, cette
kleine   meisje   is   leuk   Mamma   beer   zei   Oh   Ja   dit

petite fille est jolie," et le petit ours dit: "Oh! oui, oui,
kleine   meisje   is   leuk   en   de   kleine   beer   zei   Oh   Ja   Ja

cette petite fille est très jolie."
dit   kleine   meisje   is   erg   leuk

A cet instant la petite fille se réveilla. Elle vit Papa
Op   dit   moment   het   kleine   meisje   werd wakker   zij   zag   Pappa

ours, Maman ours, et Petit ours. Elle dit: "Oh! J'ai
beer   Mamma   beer   en   Kleine   beer   zij   zei   Oh   ik heb
(ik ben)

peur," et elle sauta du lit et partit vite, vite!
angst   en   zij   sprong   van het   bed   en   ging naar buiten snel   snel
(bang)

16 Les Trois Ours

"Oh!" dit Papa ours de sa grande voix: "La petite fille
Oh zei Pappa beer van zijn grote stem het kleine meisje
(met) (luide)

a peur." "Oui," dit Maman ours, "la petite fille a peur."
heeft angst Ja zei Mamma beer het kleine meisje heeft angst

Et le petit ours dit: "Oui, oui, elle a peur."
en de kleine beer zei Ja Ja zij heeft angst

La petite fille ne visita plus jamais la maison des ours.
Het kleine meisje niet bezocht meer nooit het huis van de beren

17 Les Trois Ours

LES   TROIS   SOUHAITS
DE   DRIE   WENSEN

Il y avait une fois un homme qui était très pauvre. Il
Het er had   een keer een man   die was zeer arm   Hij
(Er was)

demeurait avec sa femme dans une misérable petite
verbleef   met zijn vrouw in   een armoedig   klein

maison. Tous les jours l'homme allait à la forêt pour
huis   Al   de   dagen de man   ging   naar het bos   om

couper du bois. Un jour il était dans la forêt et dit:
te hakken van het hout Een dag hij was   in   het bos   en zei
          ()

"Je suis bien misérable! Je suis pauvre, je suis forcé
Ik   ben   zeer ellendig   Ik ben   arm   Ik ben   gedwongen

de travailler tous les jours. Ma femme a faim, j'ai faim
te werken   al   de   dagen   Mijn vrouw heeft honger Ik heb honger

aussi. Oui, je suis bien misérable!"
ook   Ja   ik ben   zeer ellendig

A cet instant une jolie petite fée parut, et dit:
Op dit moment   een schattige kleine fee verscheen en zei

20 Les Trois Souhaits

"Mon pauvre homme, j'ai entendu tout ce que vous
Mijn arme man ik heb gehoord alles dat wat u

avez dit. J'ai compassion de vous, et comme je suis
heeft gezegd Ik heb medelijden van u en daar ik ben
(met)

fée je vous accorderai trois souhaits. Demandez ce que
fee ik u zal gunnen drie wensen Vraag dat wat

vous voulez, et vos trois souhaits seront accordés."
u wil en uw drie wensen zullen zijn gegund

La fée disparut après avoir parlé ainsi, et le pauvre
De fee verdween na te hebben gesproken zo en de arme

homme resta tout seul dans la forêt.
man bleef helemaal alleen in het bos

Il était très content maintenant, et dit: "Je vais à la
Hij was zeer tevreden nu en zei ik ga naar het
()

maison. Je vais dire à ma femme qu'une fée m'a
huis Ik ga zeggen tegen mijn vrouw dat een fee me heeft

accordé trois souhaits."
gegund drie wensen

21 Les Trois Souhaits

Le pauvre homme alla à la maison, et dit à sa
De arme man ging naar het huis en zei tegen zijn
()

femme: "Ma femme, je suis très content. J'ai vu une
vrouw Mijn vrouw ik ben zeer tevreden ik heb gezien een
(ontmoet)

fée dans la forêt. La fée a dit: 'Mon pauvre homme,
fee in het bos De fee heeft gezegd Mijn arme man

j'ai compassion de vous. Je suis fée, et je vous
Ik heb medelijden van u Ik ben fee en ik u
(met)

accorderai trois souhaits. Demandez ce que vous voulez.'
zal gunnen drie wensen vragen dat wat u wil

Ma femme, je suis très content."
Mijn vrouw Ik ben zeer tevreden

"Oh oui," dit la pauvre femme, "je suis très contente
Oh ja zei de arme vrouw Ik ben zeer tevreden

aussi. Entrez dans la maison, mon cher ami, et nous
ook Kom binnen in het huis mijn lieve vriend en wij

parlerons ensemble de la fée et des trois souhaits."
zullen spreken samen van de fee en van de drie wensen

22   Les Trois Souhaits

"Certainement,"   dit   l'homme.   Il   entra   dans   la   maison,
Zeker   zei   de man   hij   ging binnen   in   het   huis

s'assit   près   de   la   table,   et   dit: "Ma   femme,   j'ai   faim.
zat neder   dichtbij van   de   tafel   en   zei   Mijn   vrouw   Ik heb   honger
(aan)

Je   propose   de   dîner.   Pendant   le   dîner   nous   parlerons
Ik   stel voor   te   dineren   Tijdens   het   diner   wij   zullen praten

ensemble   de   la   fée   et   des   trois   souhaits."
samen   over   de   fee   en   van de   drie   wensen

Le   pauvre   homme   et   la   pauvre   femme   s'assirent
De   arme   man   en   de   arme   vrouw   gingen zitten

près   de   la   table   et   commencèrent   à   manger   et   à
bij van   de   tafel   en   begonnen   te   eten   en   te
(aan)

parler   ensemble.   Le   pauvre   homme   dit: "Ma   femme,   nous
spreken   samen   De   arme   man   zei   Mijn   vrouw   wij

pouvons   demander   de   grandes   richesses."   "Oui,"   dit   la
kunnen   vragen   van   grote   rijkdommen   Ja   zei   de
()

femme,   "nous   pouvons   demander   une   jolie   maison."
vrouw   wij   kunnen   vragen   een   leuk   huis

L'homme   dit:
De man   zei

23 Les Trois Souhaits

"Nous pouvons demander un empire." La femme répondit:
wij kunnen vragen een keizerrijk De vrouw antwoordde

"Oui, nous pouvons demander des perles et des
Ja wij kunnen vragen van de parels en van de
() ()

diamants en grande quantité."
diamanten in grote hoeveelheid

L'homme dit: "Nous pouvons demander une grande famille,
The man zei wij kunnen vragen een grote familie

cinq fils et cinq filles."
vijf zonen en vijf dochters

"Oh," dit la femme, "je préfère six fils et quatre filles."
Oh zei de vrouw Ik prefereer zes zonen en vier meisjes
(heb liever)

L'homme et la femme continuèrent ainsi, leur conversation,
De man en de vrouw gingen door met zo hun conversatie

mais ils ne pouvaient pas décider quels souhaits seraient
maar zij niet konden niet beslissen welke wensen zouden zijn
()

les plus sages.
het meest wijs

24 Les Trois Souhaits

L'homme mangea sa soupe en silence regarda le pain
De man at zijn soep in stilte keek naar het brood

sec, et dit: "Oh! j'aimerais avoir une bonne grosse
droog en zei Oh ik zou willen hebben een goede grote

saucisse pour dîner." Au même instant une grosse
worst om te eten Op het zelfde moment een grote

saucisse tomba sur la table. L'homme regarda la
worst viel neer op de tafel De man keek naar de

saucisse avec la plus grande surprise, la femme aussi.
worst met de grootste verbazing de vrouw ook

Alors la femme dit: "Oh, mon mari, vous avez été très
Toen de vrouw zei Oh mijn echtgenoot U heeft geweest zeer
(bent)

imprudent. Vous avez demandé une saucisse seulement.
onvoorzichtig U heeft gevraagd een worst slechts

Un souhait est accordé. Maintenant il reste seulement
Een wens is verhoord Nu het blijven over slechts
(er)

deux souhaits." "Oui," dit l'homme, "j'ai été imprudent,
twee wensen Ja zei de man ik heb geweest onvoorzichtig
(ik ben)

mais il y a encore deux souhaits."
maar het er heeft nog twee wensen
(er zijn nog)

25 Les Trois Souhaits

"Nous pouvons demander de grandes richesses et un
Wij kunnen vragen van grote rijkdommen en een
()

empire." "Oui," dit la femme, "nous pouvons demander
keizerrijk Ja zei de vrouw wij kunnen vragen

encore de grandes richesses et un empire, mais nous
nog van grote rijkdommen en een keizerrijk maar wij
()

ne pouvons pas demander dix enfants. Vous avez été
niet kunnen niet vragen tien kinderen U heeft geweest
() (bent)

si imprudent. Vous avez demandé une saucisse. Vous
zo onvoorzichtig U heeft gevraagd een worst U

préférez une saucisse, sans doute, à une grande famille."
prefereert een worst zonder twijfel boven een grote familie

Et la pauvre femme continua ses lamentations et répéta
En de arme vrouw ging door met haar gejammer en herhaalde

si souvent: "Vous avez été très imprudent," que l'homme
zo vaak U heeft geweest zeer onvoorzichtig dat de man
(bent)

perdit patience et dit: "Je suis fatigué de vos
verloor geduld en zei Ik ben moe van uw
(het geduld)

lamentations: je voudrais que cette saucisse fût pendue
gejammer Ik zou willen dat deze worst was gehangen

au bout de votre nez!"
aan het eind van uw neus

26 Les Trois Souhaits

Un instant après la saucisse était pendue au bout du
Een moment daarna de worst was gehangen aan het eind van de

nez de la pauvre femme. La pauvre femme était très
neus van de arme vrouw De arme vrouw was zeer

surprise, et l'homme aussi. La femme commença à
verrast en de man ook De vrouw begon te

se lamenter encore plus, et dit à son mari: "Ah, mon
betreuren zichzelf nog meer en zei tegen haar echtgenoot Ach mijn

mari, vous êtes bien imprudent. Vous avez demandé une
echtgenoot u bent zeer onvoorzichtig U heeft gevraagd een

saucisse, et maintenant vous avez demandé que cette
worst en nu u heeft gevraagd dat deze

saucisse fût pendue au bout de mon nez. C'est terrible.
worst was gehangen aan het eind van mijn neus Het is vreselijk

Deux souhaits sont accordés. Maintenant il reste
Twee wensen zijn toegewezen Nu het blijft over
(vervult) (er)

seulement un souhait!"
slechts één wens

"Oui," dit l'homme. "Mais nous pouvons demander de
Ja zei de man maar wij kunnen vragen van
(om)

grandes richesses."
grote rijkdommen

27   Les Trois Souhaits

"Oui," dit la femme, "mais j'ai une saucisse pendue au
Ja   zei de vrouw maar ik heb een worst gehangen aan het

bout du nez. Je suis ridicule. J'étais jolie, maintenant je
eind van de neus Ik ben belachelijk Ik was leuk nu ik

suis laide, et c'est de votre faute!" et la pauvre femme
ben lelijk en het is door jou schuld en de arme vrouw

pleura.
huilde

L'homme regarda sa femme, et dit: "Oh, j'aimerais que
De man keek naar zijn vrouw en zei Oh ik zou willen dat

cette saucisse ne fût pas ici." À l'instant la saucisse
die worst niet was niet hier Op dat moment de worst
                    ()

disparut, et l'homme et la femme étaient aussi pauvres
verdween en de man en de vrouw waren zo arm

qu'avant. La femme se lamenta, l'homme aussi, mais les
als daarvoor De vrouw zich beklaagde de man ook maar de

trois souhaits avaient été accordés, et l'homme se trouva
drie wensen had geweest gegeven en de man zich vond
             (waren)   (zich zag)

obligé de manger son pain sec.
verplicht te eten zijn brood droog

Après   le   dîner   il   retourna   à   la   forêt   pour   couper   du
Na   het   diner   hij   keerde terug naar het   bos   om   te hakken van het
                                                                                   ()

bois.   Il   dit: "Je   suis   bien   bien   misérable,"   mais   la   fée
hout   Hij   zei   ik   ben   zeer   zeer   ellendig   maar   de   fee

n'arriva   pas,   et   il   resta   toujours   pauvre.
kwam niet   en   hij   bleef   altijd   arm

Il   n'avait   pas   de   richesses,   il   n'avait   pas   d'empire,   il
Hij   niet had niet   van de   rijkdommen   hij   niet had niet   van keizerrijk   hij
      (had geen)   ()   (had geen)   (keizerrijk)

n'avait   pas   de   perles,   il   n'avait   pas   de   diamants,   il
niet had niet   van   parels   hij   niet had niet   van   diamanten   hij
(had geen)   ()   (had geen)   ()

n'avait   pas   de   fils,   il   n'avait   pas   de   filles,   et   il
niet had niet   van   zonen   hij   niet had niet   van   dochters   en   hij
(had geen)   ()   (had geen)   ()

n'avait   pas   même   une   saucisse   pour   son   dîner.
niet had niet   zelfs   een   worst   voor   zijn   avondeten
(had geen)

Sa   femme   continua   à   pleurer,   et   elle   disait   tous   les
Zijn vrouw   ging door   te   huilen   en   zij   zei   al   de

jours   à   son   mari:
dagen   tegen haar   echtgenoot

29 Les Trois Souhaits

"Ah, si vous n'aviez pas été si imprudent, nous serions
Ach als u niet had niet geweest zo onvoorzichtig wij zouden zijn
(niet was)

riches et contents, et nous aurions une grande famille.
rijk en tevreden en wij zouden hebben een grote familie

Hélas! hélas!"
Helaas helaas

BLANCHE-NEIGE
WIT SNEEUW
(SNEEUWWITJE)

Il y avait un paysan appelé Ivan, sa femme se nommait
It there had   een   boer   genaamd Ivan zijn vrouw zich noemde
(There was)   (heette)

Marie. Ces paysans n'avaient pas d'enfants, et ils étaient
Marie   Deze boeren niet hadden niet van kinderen en zij waren
                      (hadden geen)   (kinderen)

très tristes.
zeer verdrietig

Un jour, en hiver, le paysan était assis à la fenêtre.
Een dag   in winter de boer   was gezeten bij het venster
(Op een)   (de winter)   [zat]

Il vit les enfants du village qui jouaient dans la neige.
Hij zag de kinderen van het dorp die speelden in de sneeuw

Les enfants étaient très occupés. Ils faisaient une bonne
De kinderen waren   zeer druk   Zij maakten   een mooie

femme de neige.
vrouw van sneeuw

Ivan dit à sa femme: "Ma femme, regardez ces enfants,
Ivan zei tegen zijn vrouw mijn vrouw zie deze kinderen

ils s'amusent, ils font une bonne femme de neige.
zij hebben plezier zij maken een mooie vrouw van sneeuw

Venez dans le jardin, amusons-nous à faire une bonne
Kom in de tuin laten we ons amuseren door te maken een mooie

femme de neige." Le paysan et sa femme allèrent dans
vrouw van sneeuw De boer en zijn vrouw gingen in

le jardin, et la femme dit: "Mon mari, nous n'avons pas
de tuin en de vrouw zei Mijn echtgenoot wij hebben geen

d'enfants; faisons un enfant de neige."
van kinderen laat ons maken een kind van sneeuw
(kinderen)

"Voilà une bonne idée!" dit l'homme. Et il commença à
Zie daar een goed idee zei de man en hij begon te
(Dat is)

façonner un petit corps, de petites mains, de petits
maken een klein lichaam van kleine handen van kleine
(met) (met)

pieds. La femme façonna une petite tête et la plaça
voeten De vrouw modelleerde een klein hoofd en het plaatste

sur les épaules de la statue de neige.
op de schouders van het beeld van sneeuw

33 Blanche Neige

Un homme passait sur la route; il les regarda un
Een man passeerde op de weg hij hen bekeek een

instant en silence, puis il dit: "Dieu vous aide."
moment in stilte Toen hij zei God u helpe

"Merci," dit Ivan.
Dank u zei Ivan

"Le secours de Dieu est toujours bon à quelque chose,"
De hulp van God is altijd goed voor enig ding
(iets)

répondit Marie.
antwoordde Marie

"Que faites-vous donc?" demanda le passant.
Wat maakt u dan vroeg de passant

"Nous faisons une fille de neige," dit Ivan. Et en
wij maken een meisje van sneeuw zei Ivan en in

parlant ainsi il fit le nez, le menton, la bouche et les
sprekende zo hij maakte de neus de kin de mond en de

yeux. En quelques minutes l'enfant de neige était finie.
ogen in enige minuten het kind van sneeuw was klaar
(een paar)

Ivan la regarda avec admiration. Tout à coup il
Ivan haar bekeek met bewondering Heel op klap hij
(in één)

remarqua que la bouche et les yeux s'ouvraient. Les
merkte op dat de mond en de ogen opende De

joues et les lèvres changèrent de couleur, et quelques
wangen en de lippen veranderden van kleur en enige
(een paar)

minutes après il vit devant lui une enfant vivante.
minuten daarna hij zag voor hem een kind levend

"Qui êtes-vous?" dit-il tout surpris de voir une enfant
Wie bent u zei hij helemaal verbaasd van te zien een kind

vivante à la place de la petite statue de neige.
levend in de plaats van het klein beeld van sneeuw

"Je suis Blanche-Neige, votre fille," dit l'enfant, et elle
Ik ben Sneeuwwitje uw dochter zei het kind en zij

embrassa l'homme et la femme, qui commencèrent à
omhelsde de man en de vrouw die begonnen te

pleurer de joie.
huilen van vreugde

35 Blanche Neige

Les parents conduisirent Blanche-Neige dans la maison, et
de ouders leidden Sneeuwwitje in het huis en

elle commença à grandir très rapidement.
zij begon te groeien zeer snel

Toutes les petites filles du village arrivèrent chez le
Al de kleine meisjes van het dorp kwamen bij de

paysan pour jouer avec la charmante petite fille. Elle
boer om te spelen met het charmante kleine meisje Zij
(z'n huis)

était si bonne et si jolie. Elle était blanche comme la
was zo goed en zo leuk Zij was wit als de

neige, elle avait les yeux bleus comme le ciel, sa
sneeuw zij had de ogen blauw als de hemel haar

longue chevelure dorée était admirable, et bien que ses
lange haardos verguld was bewonderenswaardig en hoewel haar
(als goud glanzende)

joues ne fussent pas aussi roses que celles des autres
wangen waren niet zo roze als die van de andere

enfants du village, elle était si douce que tout le
kinderen van het dorp zij was zo zacht dat heel de
(lief) [iedereen]

monde l'aimait beaucoup.
wereld hield van haar veel

36 Blanche Neige

L'hiver se passa très rapidement, et Blanche-Neige grandit
De winter ging voorbij zeer snel en Sneeuwwitje groeide

si vite que quand le soleil du printemps fit verdir
zo snel dat toen de zon van de lente deed groen worden

l'herbe, elle était aussi grande qu'une fille de douze ou
het gras zij was zo groot als een meisje van twaalf of

treize ans. Pendant l'hiver Blanche-Neige avait toujours été
dertien jaar Tijdens de winter Sneeuwwitje had altijd geweest
(was)

très gaie, mais quand le beau temps arriva elle était
zeer vrolijk maar toen het mooie weer kwam zij was

toute triste. La mère Marie remarqua sa tristesse, et dit:
heel droevig De moeder Marie merkte op haar droefheid en zei

"Ma chère enfant, pourquoi êtes-vous triste? Êtes-vous
mijn lieve kind waarom bent u droevig bent u
(ben je)

malade?" "Non, je ne suis pas malade, ma bonne mère,"
ziek Nee ik ben niet ziek mijn goede moeder

répondit l'enfant, et elle resta tranquille dans la maison.
antwoordde het kind en zij bleef stil in het huis

Les petites filles du village arrivèrent et dirent:
De kleine meisjes van het dorp kwamen en zeiden

"Blanche-Neige, venez avec nous, venez avec nous, nous
Sneeuwwitje kom met ons kom met ons wij

allons au bois cueillir des fleurs."
gaan naar het bos om te verzamelen de bloemen
van de ()

"Voilà une bonne idée!" dit Marie. "Allez au bois avec
Zie hier een goed idee zei Marie ga naar het bos met

vos petites amies, mon enfant, allez et amusez-vous
uw kleine vrienden mijn kind ga en amuseer uzelf
(je) (amuseer je)

bien!"
goed

Les enfants partirent. Elles allèrent au bois, elles
De kinderen gingen weg Zij gingen naar het bos zij

cueillirent des fleurs, elles firent des bouquets et des
verzamelden van de bloemen zij maakten van de boeketten en van de
() () ()

couronnes, et quand le soir arriva elles firent un grand
kronen en toen de avond kwam zij maakten een groot

feu.
vuur

"Maintenant, Blanche-Neige, regardez bien et faites comme
Nu   Sneeuwwitje   kijk   goed en doe   als

nous," dirent-elles, et elles commencèrent à chanter et à
ons   zeiden zij   en ze   begonnen   te zingen en · te

danser. Elles sautèrent aussi l'une après l'autre à travers
dansen Zij   sprongen ook   de een na   de ander door

le feu. Tout à coup elles entendirent une exclamation:
het vuur Plotseling ze   hoorden   een uitroep

"Ah!" Toutes les petites filles regardèrent, et un instant
Auw   Al   de kleine meisjes keken   en een moment

après elles remarquèrent que Blanche-Neige n'était plus là.
daarna ze   merkten op   dat Sneeuwwitje   was niet meer daar

"Blanche-Neige, où êtes-vous?" crièrent-elles, mais
Sneeuwwitje   waar bent u   riepen zij   maar

Blanche-Neige ne répondit pas. Les petites filles
Sneeuwwitje   niet antwoordde   De kleine meisjes

cherchèrent en vain, elles ne trouvèrent pas leur petite
zochten   in tevergeefs zij vonden niet   hun kleine
            ()

compagne.
vriendin

39 Blanche Neige

Ivan, Marie et tous les paysans cherchèrent aussi en
Ivan Marie en al de boeren zochten ook in
()

vain, car la petite Blanche-Neige s'était changée en une
tevergeefs omdat de kleine Sneeuwwitje was zich veranderde in een
(was veranderd)

petite vapeur au contact du feu, et elle s'était envolée
beetje damp op het contact van het vuur en zij was gevlogen
(door het) (met het)

vers le ciel d'où elle était venue sous la forme d'un
naar de hemel van waar zij was gekomen in de vorm van een

flocon de neige.
vlok van sneeuw

LA   ROSE   MOUSSEUSE
DE   ROOS   BEMOST

L'Amour   alla   un   jour   se   promener   dans   la   forêt.   C'était
De Liefde   ging   een   dag   wandelen   in   het   bos   Het was
(Cupido)   (op een)

un   beau   jour   au   mois   de   Juin.   L'Amour   se   promena
een   mooie   dag   in de   maand   van   Juni   De Liefde   liep
(Cupido)

longtemps,   longtemps.   Il   se   promena   si   longtemps   qu'il
lange tijd   lange tijd   Hij   liep   zo   lang   dat hij
(een lange tijd)   (een lange tijd)

se trouva   enfin   fatigué,   bien   fatigué.
zichzelf vond   tenslotte   moe   heel   moe
(werd)

"Oh!"   dit   L'Amour,   "je   suis   si   fatigué!"   Et   L'Amour
O   zei   De Liefde   Ik   ben   zo   moe   En   De Liefde
(Cupido)   (Cupido)

se   coucha   sur   l'herbe   verte   pour   se   reposer.   Tous   les
ging liggen   op   het gras   groen   om   zich te rusten   Al   de
(uit te rusten)

petits   oiseaux   de   la   forêt   arrivèrent   vite,   vite   pour   voir
kleine   vogels   van   het   bos   kwamen   snel   snel   om   te zien

l'Amour.
De Liefde
(Cupido)

L'Amour était si joli, si blanc et rose. L'Amour avait de
Cupido was zo knap zo wit en roze Cupido had van
()

si jolis cheveux blonds et de si jolis yeux bleus.
zulk mooie haren blond en van zulke mooie ogen blauwe
() [blauwe ogen]

"Oh!" dirent tous les petits oiseaux de la forêt.
O zeiden al de kleine vogels van het bos

"Regardez le petit Amour! Comme il est joli! Comme il
Kijk naar de kleine Cupido Hoe hij is knap Hoe hij
(Wat) (Wat)

est blanc et rose! Quel joli Amour! Quels jolis cheveux
is wit en roze Wat knappe Cupido Wat mooie haren
(Wat een) (Wat een)

blonds! Quels jolis yeux bleus!"
blond wat mooie ogen blauw
(wat een)

Tous les oiseaux se perchèrent sur les branches et
Al de vogels zetten zichzelf neer op de takken en
(gingen zitten)

commencèrent à chanter en choeur: "Quel joli petit
begonnen te zingen in koor Wat knappe kleine
(Wat een)

Amour!"
Cupido

43 La Rose Mousseuse

Le petit Amour ferma ses jolis yeux bleus.
De kleine Cupido sloot zijn mooie ogen blauw

Le petit Amour s'endormit. Il s'endormit profondément.
De kleine Cupido sliep in Hij sliep in diep

Les petits oiseaux continuèrent à chanter, "Quel joli petit
De kleine vogels gingen door met zingen Wat knappe kleine
(Wat een)

Amour!"
Cupido

Alors le Soleil dit: "Les petits oiseaux de la forêt
Toen de zon zei De kleine vogels van het bos

chantent tous: 'Quel joli petit Amour!' Où est ce joli
zingen allemaal Wat knappe kleine Cupido Waar is deze knappe
(Wat een)

petit Amour?" et le Soleil entra dans la forêt pour
kleine Cupido en de zon ging naar binnen in het bos om

chercher le joli petit Amour.
te zoeken de knappe kleine Cupido

44   La Rose Mousseuse

Le   Soleil   entra   dans   la   forêt,   et,   guidé   par   le   chant
De   Zon   ging naar binnen in   het   bos   en   geleid   door   het   lied

des   petits   oiseaux,   il   arriva   bientôt   à   la   place   où   le
van de   kleine   vogels   hij   kwam   snel   bij   de   plaats   waar   de

joli   petit   Amour   était   couché   sur   l'herbe   verte.
knappe   kleine   Cupido   was   liggende   op   het gras   groen

"Oh!"   dit   le   Soleil,   "Quel   joli   petit   Amour!   Comme   il   est
O   zei   de   Zon   wat   knappe   kleine   Cupido   Hoe   hij   is
            (wat een)   (Wat)

blanc   et   rose!   Quels   jolis   cheveux   blonds!   Quelle   est   la
wit   en   roze   Wat   mooi   haar   blond   Wat   is   de

couleur   des   yeux   de   ce   joli   petit   Amour?"
kleur   van de   ogen   van   deze   knappe   kleine   Cupido

Le   Soleil   était   curieux,   très   curieux,   mais   la   Rose   qui
De   zon   was   nieuwsgierig   heel   nieuwsgierig   maar   de   roos   die

était   là   dit: "Non,   non,   Soleil,   vous   êtes   curieux,   très
was   daar   zei   Nee   nee   Zon   u   bent   nieuwsgierig   heel

curieux,   mais   le   joli   petit   Amour   dort."
nieuwsgierig   maar   de   knappe   kleine   Cupido   slaapt

45 La Rose Mousseuse

Partez, méchant Soleil, partez vite. L'Amour dort
Ga weg gemene Zon ga weg snel Cupido slaapt

profondément, et les petits oiseaux chantent. Partez!
diep en de kleine vogels zingen Ga weg

"Oh non!" dit le Soleil. "Je veux voir quelle est la
O nee zei de Zon Ik wil zien wat is de

couleur des yeux de ce joli petit Amour."
kleur van de ogen van deze knappe kleine Cupido

"Non, non!" dit la Rose, et elle se pencha sur L'Amour,
Nee nee zei de Roos en zij boog zichzelf over Cupido

et elle le protégea. La Rose protégea le petit Amour,
en zij hem beschermde De Roos beschermde de kleine Cupido

et le Soleil, le Soleil curieux, resta dans la forêt, et
en de zon de zon nieuwsgierig bleef in het bos en

dit:
zei

"Je veux voir la couleur des yeux de ce joli petit
Ik wil zien de kleur van de ogen van deze knappe kleine

Amour."
Cupido

46 La Rose Mousseuse

"Je resterai ici, dans la forêt, et quand l'Amour ouvrira
Ik zal blijven hier in het bos en als Cupido zal openen

les yeux, je serai content, très content."
de ogen Ik zal zijn tevreden zeer tevreden

Le Soleil resta dans la forêt, les oiseaux chantèrent, la
de zon bleef in het bos de vogels zongen de

Rose protégea l'Amour, et l'Amour dormit profondément.
Roos beschermde Cupido en Cupido sliep diep

Enfin l'Amour ouvrit les yeux.
Tenslotte Cupido opende de ogen

"Oh!" dit le Soleil, "j'ai vu la couleur des yeux de
O zei de zon ik heb gezien de kleur van de ogen van

l'Amour. L'Amour a les yeux bleus!" "Mais oui!"
Cupido Cupido heeft de ogen blauw Maar ja
(Inderdaad)

chantèrent les petits oiseaux de la forêt:
zongen de kleine vogels van het bos

47 La Rose Mousseuse

"L'Amour a les yeux bleus!"
Cupido heeft de ogen blauwe
()

"Oui, certainement," dit la Rose, "L'Amour a les yeux
Ja Zeker zei de Roos Cupido heeft de ogen

bleus!"
blauw

L'Amour regarda le Soleil, et dit: "Oh Soleil, pourquoi
Cupido keek naar de zon en zei O zon waarom

êtes-vous entré dans la forêt?"
bent u naar binnen gegaan in het bos

"Oh!" dit le Soleil, "j'ai entendu les oiseaux qui
O zei de zon Ik heb gehoord de vogels die

chantaient: 'Oh, le joli petit Amour'; et je suis entré
zongen O de knappe kleine Cupido en ik ben binnengegaan

dans la forêt pour vous voir."
in het bos om u te zien

L'Amour dit au Soleil, "Oh Soleil, vous êtes curieux,
Cupido zei tegen de zon O zon u bent nieuwgierig

très curieux."
zeer nieuwsgierig

48   La Rose Mousseuse

"Oui," dit le Soleil, "je suis curieux, mais la Rose vous
Ja   zei de zon   Ik ben nieuwsgierig maar de Roos   u

a   protégé."
heeft beschermd

"Merci! chère   Rose," dit le joli   petit Amour, "merci,
Dank   lieve   Roos   zei de knappe kleine Cupido Dank u
(Dank je)

merci. Vous êtes bien bonne, chère Rose, et vous êtes
Dank u U   bent wel   goed   lieve Roos   en u   bent

aussi belle que bonne. Quelle récompense voulez-vous,
zo   mooi   als goed   wat   beloning   wil u
                            (wat voor)

chère Rose, vous qui êtes la plus   belle de toutes les
lieve Roos   u   die bent de meest mooie van al   de

fleurs?"
bloemen

"Oh!" dit la Rose. "Donnez-moi un   charme de   plus!"
O   zei de Roos   Geef mij   een charme van meer
                                         [nog een charme]

"Comment!" dit l'Amour, surpris.
Hoe   zei Cupido   verrast
(Wat)

49 La Rose Mousseuse

"Vous demandez un charme de plus. Impossible! Je vous
U vraagt een charme van meer Onmogelijk Ik u

ai déjà donné tous les charmes. Je vous ai donné
heb al gegeven al de charmes Ik u heb gegeven

une forme parfaite. Je vous ai donné une couleur
een vorm perfect Ik u heb gegeven een kleur

charmante. Je vous ai donné un parfum délicat. Je
bekoorlijke Ik u heb gegeven een geur heerlijke Ik
(bekoorlijk) (heerlijk)

vous ai donné tous les charmes et toutes les grâces,
u heb gegeven al de charmes en al de gratie

et vous demandez une charme de plus. Ce n'est pas
en u vraagt een charme van meer Dat niet is niet
(is)

raisonnable!"
redelijk

"Oh!" dit la Rose, "raisonnable ou pas raisonnable, je
O zei de Roos redelijk of niet redelijk Ik

vous demande un attrait de plus, cher Amour. Je vous
u vraag een aantrekkelijkheid van meer lieve Cupido Ik u
[nog een aantrekkelijkheid]

ai protégé. Récompensez-moi!"
heb beschermd Beloon me

50 La Rose Mousseuse

L'Amour dit: "C'est impossible!" Mais la Rose insista.
Cupido zei Het is onmogelijk Maar de Roos drong aan

Enfin l'Amour, en colère, dit: "Rose, vous êtes belle,
Tenslotte Cupido in boosheid zei Roos u bent mooi

vous êtes la plus belle des fleurs, mais vous n'êtes
u bent de meest mooie van de bloemen maar u niet bent
(bent)

pas bonne." Et l'Amour prit de la mousse. Il jeta la
niet goed En liefde nam van de mos Hij gooide het
() ()

mousse sur la Rose, et dit: "Vous ne méritez rien que
mos op de Roos en zei u niet verdient niets dan
(meer)

cela!"
dat

La Rose, couverte de mousse verte, parut plus belle
De Roos bedekt door mos groen leek meer mooi

que jamais, et la Rose dit avec joie: "Merci, mon joli
dan ooit en de Roos zei met blijdschap Dank u mijn knappe

petit Amour! Merci, vous m'avez donné une récompense."
kleine Cupido Dank u u hebt mij gegeven een beloning

51 La Rose Mousseuse

"Vous m'avez donné une grâce de plus." "Oui!" dit
U hebt mij gegeven een gratie van meer Ja zei
[nog een gratie]

l'Amour, surpris. "Je vous ai donné une grâce de plus!"
Cupido verrast Ik u heb gegeven een gratie van meer

Le Soleil regarda la Rose, et dit aussi: "Mais oui! la
De zon keek naar de Roos en zei ook Maar ja de
(Inderdaad)

Rose a une grâce de plus." Et tous les petits oiseaux
Roos heeft een gratie van meer En al de kleine vogels

chantèrent: "Mais oui, le joli petit Amour a donné une
zongen Maar ja, de knappe kleine Cupido heeft gegeven een
(Inderdaad)

grâce de plus à la Rose, à la plus belle des fleurs."
gratie van meer aan de Roos aan de meest mooie van de bloemen

Et l'Amour partit en chantant aussi: "La Rose mousseuse
en Cupido ging weg terwijl zingende ook De Roos bemoste

est la plus belle des fleurs. Elle est bonne aussi."
is de meest mooie van de bloemen Zij is goed ook

52 La Rose Mousseuse

"Elle m'a protégé quand le Soleil est arrivé pour voir
Ze me heeft beschermd toen de Zon is gekomen om te zien

la couleur de mes yeux qui sont bleus."
de kleur van mijn ogen die zijn blauw

Et depuis ce jour la Rose, cette coquette, a toujours
En vanaf die dag de Roos die flirt heeft altijd

porté un peu de mousse verte.
gedragen een beetje van mos groen
()

53   La Rose Mousseuse

54   Le Chat Et Le Renard

LE CHAT ET LE RENARD
DE KAT EN DE VOS

Un paysan avait un chat qui était très méchant et si
Een boer had een kat die was zeer gemeen en zo

désagréable que tout le monde le détestait. Le paysan
onaangenaam dat heel de wereld hem haatte De boer
(iedereen)

était fatigué de ce chat, et un jour il le mit dans un
was moe van deze kat en (op) een dag hij het deed in een

grand sac. Le paysan porta le sac dans la forêt, et
grote zak De boer droeg de zak in het bos en

quand il fut arrivé à une grande distance de la
toen hij was gekomen op een grote afstand van het

maison, il ouvrit le sac, et le méchant chat sortit.
huis hij opende de zak en de gemene kat kwam eruit

Le chat resta dans la forêt, où il trouva une petite
De kat bleef in het bos waar het vond een kleine

cabane.
hut

Le chat demeura dans cette cabane et mangea
De kat verbleef in deze hut en at

beaucoup de souris et d'oiseaux. Un jour le chat alla
veel van muizen en van vogels Eén dag de kat ging
() (vogels)

se promener dans la forêt et rencontra Mademoiselle
rondwandelen in het bos en ontmoette Juffrouw

Renard. Elle regarda le chat avec curiosité, et dit: "Mon
Vos Zij keek naar de kat met nieuwsgierigheid en zei Mijn

beau monsieur, qui êtes-vous? Que faites-vous dans la
mooie mijnheer wie bent u Wat doet u in het
(heer)

forêt?"
bos

"Je suis le bailli de la forêt. Mon nom est Ivan.
Ik ben de gerechtsdienaar van het bos Mijn naam is Ivan

J'arrive de la Sibérie pour gouverner cette forêt."
Ik kom van het Siberië om te regeren dit bos
()

"Oh," dit Mademoiselle Renard. "Je vous prie, Monsieur
Oh zei Juffrouw Vos Ik u bid Meneer
(vraag)

le bailli de la forêt, venez dîner avec moi."
de gerechtsdienaar van het bos kom dineren bij mij
()

57   Le Chat Et Le Renard

Le chat accepta l'invitation, et au dîner Mademoiselle
De kat accepteerde de uitnodiging en op het diner Juffrouw

Renard dit: "Monsieur le bailli, êtes-vous garçon ou
Vos zei Meneer de gerechtsdienaar bent u vrijgezel of
()

marié?"
gehuwd

"Je suis garçon," répondit le chat.
Ik ben vrijgezel antwoordde de kat

"Et moi, je suis demoiselle. Monsieur le bailli,
En mij ik ben mejuffrouw Meneer de gerechtsdienaar
(ik) (ongetrouwde vrouw)

épousez-moi!"
trouw mij
(trouw met mij)

Le chat consentit à ce mariage, qui fut célébré avec
De kat stemde in met dit huwelijk dat was gevierd met
(werd)

beaucoup de cérémonie.
veel van ceremonie
()

Le lendemain du mariage, le chat dit à sa femme:
De volgende dag van het huwelijk de kat zei tegen zijn vrouw

"Madame Renard, j'ai faim; allez à la chasse et
Mevrouw Vos ik heb honger ga op de jacht en
()

apportez-moi un bon dîner."
breng me een goed diner

Madame Renard partit.
Mevrouw Vos ging weg

Elle rencontra le loup, qui dit: "Oh ma chère amie, je
Zij ontmoette de wolf die zei Oh mijn lieve vriendin ik

vous cherche depuis longtemps en vain. Où avez-vous
u zoek sinds lange tijd in ijdelheid Waar u (bent u)
(tevergeefs)

été?"
geweest

"Chez mon mari, le bailli de la forêt, car je suis
Bij mijn echtgenoot de gerechtsdienaar van het bos omdat ik ben

mariée!"
getrouwd

"Vous, mariée!" dit le loup avec surprise. "J'aimerais faire
U getrouwd zei de wolf met verbazing Ik zou willen maken

visite à votre mari."
bezoek aan uw echtgenoot
(een bezoek)

59 Le Chat Et Le Renard

"Très-bien," dit Madame Renard, "mais comme mon mari
Erg goed *zei* *Mevrouw* *Vos* *maar* *daar* *mijn* *echtgenoot*
(Prima)

est terrible, je vous conseille d'apporter un agneau.
is *vreselijk* *ik* *u* *adviseer* *van te brengen* *een* *lam*
(te brengen)

Déposez l'agneau à la porte, et cachez-vous; sans cela
Lever af *het lam* *bij* *de* *deur* *en* *verstop uzelf* *zonder* *dat*

il vous dévorera."
hij *u* *zal verslinden*

Le loup courut chercher un agneau pour le chat.
De *wolf* *rende* *te zoeken* *een* *lam* *voor* *de* *kat*
(om te zoeken)

Madame Renard continua sa route. Elle rencontra l'ours.
Mevrouw *Vos* *vervolgde* *haar* *weg* *Zij* *ontmoette* *de beer*

L'ours dit: "Bonjour, ma chère amie. D'où venez-vous?"
De beer *zei* *Goedendag* *mijn* *lieve* *vriendin* *Van waar komt u*

"De la maison de mon mari," répondit Madame. Renard.
Van *het* *huis* *van* *mijn* *echtgenoot* *antwoordde* *Mevrouw* *Vos*

"Mon mari est le bailli Ivan."
Mijn *echtgenoot* *is* *de* *gerechtsdienaar* *Ivan*

"Oh!" dit l'ours, "permettez-moi de faire visite à votre
Oh zei de beer sta me toe te maken bezoek aan uw
(een bezoek)

mari."
echtgenoot

"Certainement," répondit Madame Renard, "mais mon mari
Zeker antwoordde Mevrouw Vos maar mijn echtgenoot

a la mauvaise habitude de dévorer tous les animaux
heeft de slechte gewoonte om te verslinden al de dieren

qu'il n'aime pas. Allez chercher un boeuf. Apportez-le-lui
die hij niet aardig vindt Ga zoeken een os Breng die hem

en hommage. Le loup apportera un agneau." L'ours
in eer De wolf zal brengen een lam De beer

partit; il alla chercher un boeuf. Il rencontra le loup
ging weg hij ging zoeken een os Hij ontmoette de wolf

avec un agneau. Le loup dit: "Mon ami l'ours, où
met een lam De wolf zei mijn vriend de beer waar

allez-vous?"
gaat u
(gaat u heen)

"Chez le mari de Madame Renard. Je lui porte un
Bij de echtgenoot van Mevrouw Vos Ik hem breng een
(Naar)

boeuf. Où allez-vous, mon cher loup?"
os Waar gaat u mijn beste wolf
(gaat u heen)

61 Le Chat Et Le Renard

"Je vais aussi chez le mari de Madame Renard. Je lui
Ik ga ook bij de echtgenoot van Mevrouw Vos Ik hem
(naar)

porte un agneau. Madame Renard dit que son mari est
breng een lam Mevrouw Vos zei dat haar echtgenoot is

terrible!"
vreselijk

Les deux animaux continuèrent leur route; ils arrivèrent
De twee dieren vervolgden hun weg zij arriveerden

bientôt près de la maison du chat. Le loup dit à
snel dicht bij het huis van de kat De wolf zei tegen

l'ours: "Allez, mon ami, frappez à la porte, et dites au
de beer Ga mijn vriend klop op de deur en zeg tegen de

mari de Madame Renard que nous avons apporté un
echtgenoot van Mevrouw Vos dat wij hebben gebracht een

boeuf et un agneau."
os en een lam

"Oh non!" dit l'ours, "j'ai peur. Allez vous-même!"
Oh nee zei de beer ik heb angst Gaat u zelf
(ik ben) (bang)

62   Le Chat Et Le Renard

"Impossible," dit le loup, "mais voilà le lièvre, il ira
Onmogelijk *zei* *de* *wolf* *maar* *zie daar* *de* *haas* *hij* *zal gaan*
(daar is)

pour nous."
voor *ons*

Le lièvre alla à la cabane. Le loup se cacha sous les
De *haas* *ging* *naar* *de* *hut* *De* *wolf* *verborg zich* *onder* *de*

feuilles sèches, et l'ours grimpa sur un arbre.
bladeren *droog* *en* *de beer* *klom* *in* *een* *boom*

Quelques minutes après Madame Renard arriva avec le
Enige *minuten* *later* *Mevrouw* *Vos* *kwam* *met* *de*

chat, son mari. "Oh!" dit le loup à l'ours. "Le mari de
kat *haar* *echtgenoot* *Oh* *zei* *de* *wolf* *tegen* *de beer* *de* *echtgenoot* *van*

Madame Renard est très petit."
Mevrouw *Vos* *is* *zeer* *klein*

"Oui!" dit l'ours avec mépris, "il est en effet fort petit!"
Ja *zei* *de beer* *met* *misprijzen* *hij* *is* *in* *feite* *erg* *klein*

Le chat arriva. Il sauta sur le boeuf, et dit avec
De kat kwam aan Hij sprong op de os en zei met

colère: "C'est peu, très peu!" "Oh!" dit l'ours avec
boosheid Het is weinig zeer weinig Oh zei de beer met

surprise; "il est si petit, et il a un si grand appétit!
verbazing hij is zo klein en hij heeft een zo grote eetlust

Un taureau est assez grand pour quatre ours. Il est
Een stier is genoeg groot voor vier beren Hij is

terrible en effet!"
vreselijk inderdaad

Le loup, caché sous les feuilles, trembla. Le chat
De wolf verborgen onder de bladeren beefde De kat

entendit un petit bruit dans les feuilles. Il pensa qu'une
hoorde een klein geluid in de bladeren Hij dacht dat een

souris était cachée sous les feuilles, et il courut et
muis was verborgen onder de bladeren en hij rende en

enfonça ses griffes dans le museau du loup. Le loup
stak zijn klauwen in de snuit van de wolf De wolf

pensa que le chat voulait le dévorer, et il partit vite,
dacht dat de kat wilde hem verslinden en hij ging weg snel

vite.
snel

64 Le Chat Et Le Renard

Le chat, qui avait peur du loup, sauta sur l'arbre.
De kat die had angst van de wolf sprong in de boom
(was) (bang)

"Oh!" dit l'ours. "Le chat m'a vu, il m'a vu, il va me
Oh zei de beer De kat me heeft gezien hij me heeft gezien hij gaat mij

dévorer!" Et l'ours descendit rapidement de l'arbre et
verslinden en de beer ging naar beneden snel van de boom en

suivit le loup.
volgde de wolf

Madame Renard, qui avait tout vu, cria: "Mon mari vous
Mevrouw Vos die had alles gezien riep Mijn echtgenoot u

dévorera, mon mari vous dévorera!"
wil verslinden mijn echtgenoot u wil verslinden

L'ours et le loup racontèrent leurs aventures à tous les
De beer en de wolf vertelden hun avonturen aan al de

autres animaux de la forêt, et tous les animaux avaient
andere dieren van het bos en al de dieren hadden

peur du chat.
angst van de kat

65 Le Chat Et Le Renard

Mais le chat et Madame Renard étaient très heureux,
Maar de kat en Mevrouw Vos waren zeer gelukkig

car ils avaient beaucoup de viande à manger.
omdat zij hadden veel van vlees te eten
()

LA VILLE SUBMERGÉE
DE   STAD   ONDER WATER

Il y avait une fois, en Hollande, une grande et belle
Het er had   een   keer   in   Holland   een   grote   en   mooie
(Er was)

ville appelée Stavoren. Cette ville était située près de la
stad genaamd Stavoren Deze stad was gesitueerd dicht bij de
                                      [bevond zich]

mer, et les habitants étaient très riches, parce que leurs
zee en de inwoners waren zeer rijk omdat hun

vaisseaux allaient dans toutes les différentes parties du
vaartuigen gingen in al de verschillende delen van de
                    (naar)

monde chercher les trésors de toutes les différentes
wereld om te zoeken de schatten van al de verschillende

contrées. Les habitants de Stavoren étaient très riches,
regionen De inwoners van Stavoren waren zeer rijk

et ils étaient fiers de leur or, fiers de leur argent,
en zij waren trots op hun goud trots op hun zilver

fiers de leurs vaisseaux, et fiers de leurs grands palais.
trots op hun vaartuigen en trots op hun grote paleizen

Ils   étaient   fiers   et   égoïstes   aussi,   parce   qu'ils   ne
Zij   waren   trots   en   egoïstisch   ook   omdat ze   niet

pensaient   jamais   aux   pauvres,   qui   n'avaient   ni   or,   ni
dachten   nooit   aan de   armen   die   niet hadden   noch   goud   noch
(ooit)

argent,   ni   vaisseaux,   ni   palais.
zilver   noch   vaartuigen   noch   paleizen

Il y avait   une   dame   à   Stavoren   qui   était   plus   riche   et
Het er had   een   dame   in   Stavoren   die   was   meer   rijk   en
(Er was)   (nog)   (rijker)

plus   fière   que   tous   les   autres   habitants;   elle   était   aussi
meer   trots   dan   al   de   andere   inwoners   zij   was   ook
(nog)   (trotser)

plus   égoïste   et   plus   cruelle   envers   les   pauvres.   Un   jour,
meer   egoïst   en   meer   wreed   jegens   de   armen   Eén   dag
(nog)   (egoïstischer)   (nog)   (wreder)   (Op een)

cette   dame   si   riche   appela   le   capitaine   de   son   plus
deze   dame   zo   rijk   riep   de   kapitein   van   haar   meest

grand   vaisseau,   et   dit:
grote   vaartuig   en   zei
(schip)

"Capitaine,   préparez   votre   vaisseau,   et   quittez   le   port."
Kapitein   Maak klaar   uw   vaartuig   en   verlaat   de   haven

69　La Ville Submergee

"Allez　me　chercher　une　grande　cargaison　de　la　chose
Ga　mij　zoeken　een　grote　lading　van　het　ding
(voor mij)

la　plus　précieuse　du　monde."
het　meest　kostbaar　van de　wereld

"Certainement,　madame,"　dit　le　capitaine,　"commandez,　et
Zeker　mevrouw　zei　de　kapitein　beveel　en

j'obéirai.　Mais　que　voulez-vous,　madame?　Voulez-vous　une
ik zal gehoorzamen Maar　wat　wilt u　Mevrouw　Wilt u　een

grande　cargaison　d'or,　d'argent,　de　pierres　précieuses,　ou
grote　lading　van goud　van zilver　van　stenen　kostbaar　of

d'étoffes?　Que　voulez-vous?"
van stoffen　Wat　wilt u

"Capitaine,"　répondit　la　dame,　"j'ai　donné　mes　ordres.　Je
Kapitein　antwoordde　de　dame　Ik heb　gegeven　mijn　bevelen　Ik

demande　une　cargaison　de　la　chose　la　plus　précieuse
vraag　een　lading　van　het　ding　het　meest　kostbaar

du　monde."
van de　wereld

70 La Ville Submergee

71 La Ville Submergee

"Il y a seulement une chose qui est plus précieuse que
Het er heeft slechts één ding dat is meer kostbaar dan
(Er is)

toutes les autres. Allez chercher cette chose-là et partez
al de andere ga zoek dat ding daar en vertrek
(ding)

immédiatement."
onmiddellijk

Le pauvre capitaine, qui avait peur de la dame, lui
De arme kapitein die had angst van de dame haar
(was) (bang)

obéit. Il alla au port, il prépara son vaisseau, et partit.
gehoorzaamde Hij ging naar de haven hij maakte klaar zijn vaartuig en vertrok
(schip)

Alors il appela ses officiers et ses matelots, et dit:
Toen hij riep zijn officieren en zijn matrozen en zei

"Camarades, notre maîtresse a commandé une grande
Kameraden onze meesteres heeft bevolen een grote

cargaison de la chose la plus précieuse du monde. Elle
lading van het ding het meest kostbaar van de wereld Zij

a refusé de dire quelle est la chose la plus précieuse
heeft geweigerd te zeggen wat is het ding het meest kostbaar

du monde."
van de wereld

"Je ne sais pas quelle est la chose la plus précieuse
Ik niet weet welk is het ding het meest kostbaar

du monde. Savez-vous quelle est la chose la plus
van de wereld Weten jullie welk is het ding het meest

précieuse du monde?"
kostbaar van de wereld

"Oui, mon capitaine," répondit un officier, "la chose la
Ja mijn kapitein antwoordde een officier het ding het

plus précieuse du monde, c'est l'or."
meest kostbaar van de wereld dat is het goud
(goud)

"Oh, non, mon capitaine," répondit un autre officier, "la
Oh nee mijn kapitein antwoordde een andere officier het

chose la plus précieuse du monde, c'est l'argent."
ding het meest kostbaar van de wereld dat is het zilver

"Non," dit un autre. "Mes camarades, la chose la plus
Nee zei een ander Mijn kameraden het ding het meest

précieuse du monde ce sont les pierres précieuses, les
kostbaar van de wereld dat zijn de edelstenen de

perles, les diamants, et les rubis."
parels de diamanten en de robijnen

73 La Ville Submergee

Un autre matelot dit: "Mon capitaine, la chose la plus
Een andere matroos zei Mijn kapitein het ding het meest

précieuse du monde ce sont les étoffes."
kostbaar van de wereld dat zijn de stoffen

Tous les hommes et tous les officiers avaient une
Al de mannen en al de officieren hadden een

opinion différente, et le pauvre capitaine était très
mening andere en de arme kapitein was zeer

embarrassé.
bezorgd

Enfin le capitaine dit: "Je sais quelle est la chose la
Tenslotte de kapitein zei ik weet wat is het ding het

plus précieuse du monde, c'est le blé. Avec le blé on
meest kostbaar van de wereld het is het graan Met het graan men

fait le pain, la chose la plus précieuse du
maakt het brood het ding het meest kostbaar van de

monde, parce que le pain est indispensable." Le capitaine
wereld het brood is onontbeerlijk De kapitein

était content, et tous les hommes étaient contents aussi.
was tevreden en al de mannen waren tevreden ook

Le   capitaine   dirigea   son   vaisseau   dans   la   mer   Baltique.
De   kapitein   stuurde   zijn   vaartuig   in   de   zee   Baltisch
(schip)   [de Oostzee]

Il   alla   à   la   ville   de   Dantzic.   Là   il   acheta   une   grande
Hij   ging   naar   de   stad   van   Danzig   Daar   hij   kocht   een   grote

cargaison   de   blé   magnifique.   Il   chargea   la   cargaison   de
lading   van   graan   prachtig   Hij   laadde   de   lading   van
( )

blé   sur   son   vaisseau,   et   il   repartit   pour   Stavoren.
graan   op   zijn   vaartuig   en   hij   vertrok weer   voor   Stavoren
(naar)

Pendant   son   absence,   la   dame   avait   fait   visite   à   toutes
Tijdens   zijn   afwezigheid   de   dame   had   gemaakt bezoek   bij   al
(was)   (geweest op bezoek)

les   personnes   riches   de   Stavoren,   et   avait   dit: "J'ai
de   mensen   rijk   van   Stavoren   en   had   gezegd   Ik heb

envoyé   mon   capitaine   chercher   une   cargaison   de   la
gezonden   mijn   kapitein   te zoeken   een   lading   van   het
(om te zoeken)

chose   la   plus   précieuse   du   monde."
ding   het   meest   kostbaar   van de   wereld

"Ah,"   répondaient   les   personnes   riches,   "quelle   est   cette
Aha   antwoordde   de   mensen   rijk   wat   is   dit

chose?"
ding

75   La Ville Submergee

Mais la dame refusait de répondre et disait seulement:
Maar de dame weigerde te antwoorden en zei slechts

"Devinez, mes amis, devinez."
Raadt mijn vrienden raadt

Naturellement la curiosité de toutes les personnes de
Natuurlijk de nieuwsgierigheid van al de mensen van

Stavoren était grande, et elles attendaient le retour du
Stavoren was groot, en zij wachten op de terugkeer van de

capitaine avec impatience. Un jour le grand vaisseau
kapitein met ongeduld Eén dag het grote vaartuig
(Op een) (schip)

arriva dans le port, le capitaine se présenta devant la
kwam aan in de haven de kapitein zich presenteerde voor de

dame qui le regarda avec surprise, et dit:
dame die hem aankeek met verbazing en zei

"Comment, capitaine, déjà de retour! Vous avez été
Welnu kapitein al van terugkeer u hebt geweest
() (terug) (bent)

rapide comme un pigeon."
snel als een duif

77   La Ville Submergee

"Avez-vous   la   cargaison   que   j'ai   demandée?"
Hebt u   de   lading   die   ik heb   gevraagd

"Oui,   madame,"   répondit   le   capitaine,   "j'ai   une   cargaison
Ja   Mevrouw   antwoordde   de   kapitein   ik heb   een   lading

du   plus   magnifique   blé!"
van het   meest   prachtige   graan

"Comment!"   dit   la   dame.   "Une   cargaison   de   blé!
Hoe   zei   de   dame   Een   lading   van   graan
(Hoe bedoelt u)

Misérable!   j'ai   demandé   une   cargaison   de   la   chose   la
Ellendeling   ik heb   gevraagd   een   lading   van   het   ding   het

plus   précieuse   du   monde,   et   vous   apportez   une   chose
meest   kostbaar   van de   wereld   en   u   brengt   een   ding

aussi   vulgaire,   aussi   ordinaire,   aussi   commune   que   du
zo   vulgair   zo   gewoon   zo   algemeen   als   van het
()

blé!"
graan

"Pardon,   madame,"   dit   le   capitaine.
Vergeef   mevrouw   zei   de   kapitein
(Vergeef me)

"Le blé n'est pas vulgaire, ordinaire, et commun. Le blé
Het graan is niet vulgair gewoon en algemeen Het graan

est très précieux. C'est la chose la plus précieuse du
is zeer kostbaar Het is het ding het meest kostbaar van de

monde. Avec le blé on fait le pain. Et le pain,
wereld Met het graan men maakt het brood En het brood

madame, est indispensable."
mevrouw is onontbeerlijk

"Misérable!" dit la dame. "Allez au port, immédiatement,
Ellendige zei de dame Ga naar de haven onmiddellijk

et jetez toute la cargaison de blé à la mer."
en gooi heel de lading van graan in de zee

"Oh, madame, quel dommage!" dit le capitaine. "Le blé
Oh mevrouw wat verspilling zei de kapitein Het graan
(een verspilling)

est si bon! Si vous ne voulez pas ce bon blé,
is zo goed! Als u niet wil dit goede graan

donnez-le aux pauvres, ils ont faim, ils seront contents."
geef het aan de armen zij hebben honger zij zullen zijn tevreden

79   La Ville Submergee

Mais la dame refusa, et dit encore une fois: "Capitaine,
Maar de dame weigerde en zei opnieuw een keer Kapitein

allez au port, immédiatement, et jetez toute la cargaison
ga naar de haven onmiddellijk en gooi heel de lading

de blé à la mer! J'arriverai au port dans quelques
van graan in de zee Ik zal komen in de haven in enige
(over)

minutes pour voir exécuter mes ordres."
minuten te zien uitvoeren mijn bevelen

Le pauvre capitaine partit.
De arme kapitein ging weg

En route il rencontra beaucoup de pauvres, et dit: "Ma
Op weg hij ontmoette veel van arme mensen en zei Mijn
()

maîtresse, la dame la plus riche de Stavoren, a une
meesteres de dame het meest rijk van Stavoren heeft een

grande cargaison de blé. Elle ne veut pas ce blé."
grote lading van graan Zij wil niet dit graan

"Elle a commandé de jeter toute la cargaison à la
Zij heeft bevolen te gooien heel de lading in de

mer. Si vous voulez le blé, venez au port, peut-être
zee Als jullie willen het graan kom naar de haven misschien

que ma maîtresse aura compassion de vous, et vous
dat mijn meesteres zal hebben medelijden van jullie en jullie
(met)

donnera toute la cargaison."
zal geven heel de lading

Cinq minutes plus tard tous les pauvres de Stavoren
Vijf minuten later al de armen van Stavoren

étaient assemblés sur le quai; la dame arriva, et dit:
waren verzameld op de kade de dame kwam en zei

"Capitaine, avez-vous exécuté mes ordres?"
Kapitein hebt u uitgevoerd mijn bevelen

"Non, madame, pas encore!"
Nee Mevrouw niet nog

81 La Ville Submergee

"Alors, capitaine, obéissez, jetez toute la cargaison de
Dan kapitein gehoorzaam gooi heel de lading van

blé à la mer."
graan in de zee

"Madame," dit le capitaine, "regardez tous ces pauvres,
Mevrouw zei de kapitein kijk naar al deze arme mensen

ils ont faim! Donnez le blé que vous ne voulez pas
zij hebben honger Geef het graan dat u niet wil

aux pauvres!"
aan de armen

"Oh, oui, madame! Nous avons faim, nous avons faim,"
Oh ja mevrouw wij hebben honger wij hebben honger

crièrent les pauvres. "Donnez-nous le blé! Donnez-nous le
riepen de armen Geef ons het graan Geef ons het

blé!"
graan

Mais la dame était très cruelle, et dit:
Maar de dame was zeer wreed en zei

83 La Ville Submergee

"Non, non! Capitaine, j'ai commandé. Jetez tout le blé à
Nee nee Kapitein ik heb bevolen Gooi al het graan in

la mer, immédiatement."
de zee onmiddellijk

"Jamais, madame!" répondit le capitaine. Alors la dame
Nooit mevrouw antwoordde de kapitein Toen de dame

fit un signe aux officiers et aux matelots, et répéta
maakte een teken naar de officieren en naar de matrozen en herhaalde

son ordre. Les hommes obéirent, et malgré les cris des
haar bevel De mannen gehoorzaamden en ondanks de kreten van de

pauvres, et malgré leurs pleurs, tout le blé fut jeté à
armen en ondanks hun tranen al het graan was geworpen in
(werd)

la mer.
de zee

La dame regarda en silence, et quand la procession de
De dame keek toe in stilte en toen de rij van
()

sacs eut cessé, elle demanda aux officiers et aux
zakken had opgehouden zij vroeg aan de officieren en aan de
(was)

matelots:
matrozen

"Avez-vous jeté tout le blé à la mer?"
Hebben jullie geworpen al het graan in de zee

"Oui, madame," répondirent les hommes.
Ja mevrouw antwoordde de mannen

"Oui, madame," dit le capitaine d'une voix indignée,
Ja mevrouw zei de kapitein met een stem verontwaardigd

"mais un jour arrivera où vous regretterez ce que vous
maar een dag zal komen waar u zal spijten dit wat u
(wanneer)

avez fait! Un jour arrivera où vous aurez faim! Un jour
hebt gedaan Een dag zal komen waar u zal hebben honger Een dag
(wanneer)

arrivera où personne n'aura compassion de vous!"
zal komen waar niemand zal hebben medelijden met u

La dame regarda le capitaine avec surprise, et dit:
De dame keek naar de kapitein met verbazing en zei

"Capitaine, c'est impossible."
Kapitein dat is onmogelijk

85   La Ville Submergee

"Je   suis   la   personne   la   plus   riche   de   Stavoren.   Moi,
Ik   ben   de   persoon   het   meest rijk   van   Stavoren   Mij
                                       (rijkst)

avoir   faim,   c'est   absurde!"
te hebben honger   het is   belachelijk

Alors   la   dame   prit   une   bague   de   diamants,   la   jeta   à
Toen   de   dame   nam   een   ring   van   diamanten   hem   wierp   in

la   mer,   et   dit: "Capitaine,   quand   cette   bague   de
de   zee   en   zei   Kapitein   als   deze   ring   van

diamants   sera   placée   dans   ma   main,   je   croirai   ce   que
diamanten   zal zijn   gelegd   in   mijn hand   ik   zal geloven   dat   wat

vous   avez   dit!"   et   la   dame   quitta   le   port.
u   hebt   gezegd   en   de   dame   verliet   de   haven

Quelques   jours   après,   un   domestique   trouva   la   bague   de
Enige   dagen   daarna   een   bediende   vond   de   ring   van

diamants   dans   l'estomac   d'un   poisson   qu'il   préparait   pour
diamanten   in   de maag   van een   vis   die hij   klaarmaakte   voor

le   dîner   de   la   dame.
het   diner   van   de   dame

Il porta la bague à sa maîtresse. Elle regarda la
Hij droeg de ring naar zijn meesteres Zij keek naar de

bague avec surprise, et demanda: "Où avez-vous trouvé
ring met verbazing en vroeg Waar hebt u gevonden

cette bague?" Le domestique répondit: "Madame, j'ai
deze ring De bediende antwoordde Mevrouw ik heb

trouvé la bague dans l'estomac d'un poisson!"
gevonden de ring in de maag van een vis

Alors la dame pensa aux paroles du capitaine. Le
Toen de dame dacht aan de woorden van de kapitein De

même jour la dame reçut la nouvelle de la destruction
zelfde dag de dame ontving het nieuws van de ondergang

de tous ses vaisseaux, et elle perdit aussi tout son or,
van al haar vaartuigen en zij verloor ook al haar goud

tout son argent, toutes ses pierres précieuses, et tous
al haar zilver al haar edelstenen en al

ses palais.
haar paleizen

La dame n'était plus riche, mais elle était pauvre, très
De dame was niet meer rijk maar zij was arm zeer

pauvre. Elle alla de porte en porte, demander
arm Zij ging van deur tot deur vragen

quelque chose à manger, mais tous les riches et tous
iets te eten maar al de rijken en al

les pauvres de Stavoren refusèrent de lui donner du
de armen van Stavoren weigerden van haar geven van het
(om) ()

pain. La pauvre dame périt enfin de froid et de faim.
brood De arme dame kwam om tenslotte van koude en van honger

Les autres personnes riches de Stavoren
De andere mensen rijk van Stavoren

ne changèrent pas leurs habitudes. Alors le bon Dieu,
veranderden niet hun praktijken Toen de goede god

qui n'aime pas les personnes égoïstes, envoya un second
die niet houdt van de personen egoïstisch zond een tweede
() (mensen)

avertissement.
waarschuwing

Un   jour,   le   port   de   Stavoren   se   trouva   bloqué   par   un
Een   dag   de   haven   van   Stavoren   zich   vond   geblokkeerd door   een
(Op een)

grand   banc   de   sable.   Ce   banc   empêcha   le   commerce,   et
grote   zandbank   Deze   zandbank   verhinderde   de   handel   en

dans   quelques   jours   le   blé   que   la   dame   avait   jeté   à
in   enkele   dagen   het   graan   dat   de   dame   had   geworpen   in

la   mer,   commença   à   pousser,   et   le   banc   de   sable   était
de   zee   begon   te   groeien   en   de   zandbank   was

tout   couvert   d'herbe   verte.
helemaal   bedekt   van planten   groene
                     [met groene planten]

Toutes   les   personnes   de   Stavoren   regardèrent   le   blé   et
Al   de   mensen   van   Stavoren   keken naar   het   graan   en

dirent: "C'est   un   miracle,   c'est   un   miracle!"   Mais,   le   blé
zeiden   het is   een   wonder   het is   een   wonder   maar   het   graan

ne   produisit   pas   de   fruit!   Le   commerce   avait   cessé;   les
produceerde geen   van   vrucht   De   handel   had   opgehouden   de
                              ()

riches   avaient   assez   à   manger,   mais   les   pauvres   étaient
rijken   hadden   genoeg   te   eten   maar   de   armen   waren

plus   pauvres   qu'avant.
nog   armer   dan ervoor

89 La Ville Submergee

Alors Dieu envoya un troisième avertissement. Un jour,
Toen God zond een derde waarschuwing Een dag
(Op een)

un homme arriva dans la maison où tous les riches
een man kwam in het huis waar al de rijken

étaient assemblés, et dit; "J'ai trouvé onze poissons dans
waren verzameld en zei ik heb gevonden elf vissen in

le puits! La digue est rompue. La digue est rompue.
de put De dijk is gebroken De dijk is gebroken

Protégez la ville, protégez les maisons des pauvres près
Bescherm de stad bescherm de huizen de armen dicht

de la digue!"
bij de dam

Mais les riches continuèrent à danser. La mer entra
maar de rijken vervolgden te dansen De zee ging binnen

dans la ville pendant la nuit, et tout à coup toutes les
in de stad tijdens de nacht en iedereen in klap al de
(in één klap)

maisons et tous les palais de Stavoren furent submergés.
huizen en al de paleizen van Stavoren waren onder water geraakt
(overstroomd)

90 La Ville Submergee

Les pauvres périrent, les riches périrent aussi, et le
De armen kwamen om de rijken kwamen om ook en de

Zuidersée occupe maintenant la place de la belle ville
Zuiderzee bezet nu de plaats van de mooie stad

de Stavoren, détruite à cause de l'égoïsme de ses
van Stavoren vernietigd vanwege van de zelfzuchtigheid van haar
() (het egoïsme)

habitants riches qui refusaient de donner à manger aux
inwoners rijk die weigerden te geven te eten aan de

pauvres.
armen

91 La Ville Submergee

LES   QUATRE   SAISONS
DE   VIER   SEIZOENEN

Il   y   avait   une   fois   une   petite   fille.   Cette   petite   fille
Het er had   een   keer een   klein   meisje Dit   kleine   meisje
(Er was)

demeurait   dans   une   jolie   petite   maison   avec   sa   mère   et
verbleef   in   een   leuk   klein   huis   met   haar moeder en

sa   soeur.
haar zuster

La   petite   fille,   Laura,   était   bonne   et   très   jolie.   La   soeur
Het kleine   meisje   Laura   was   goed   en   heel   mooi   De   zuster

de   la   petite   fille,   Claire,   était   méchante   et   laide.   La
van het kleine   meisje   Claire   was   gemeen   en   lelijk   De

mère   était   aussi   méchante   et   laide.   La   mère   aimait
moeder was   ook   gemeen   en   lelijk   De   moeder vond leuk

Claire,   mais   elle   n'aimait pas   Laura.
Claire   maar   zij   vond niet leuk Laura

Un   jour   la   méchante   fille   dit   à   sa   mère: "Ma   mère,
Een dag   het gemene   meisje zei tegen haar moeder Mijn moeder
(Op een)

envoyez   Laura   à   la   forêt   cueillir   sept   violettes.
zend   Laura   naar het bos   om te plukken zeven viooltjes

La mère répondit: "Des violettes, dans cette saison! C'est
De moeder antwoordde Van de viooltjes in dit seizoen Dat is
()

impossible, ma fille, dans la forêt il y a seulement de
onmogelijk mijn dochter in het bos het er heeft slechts van
(er is) ()

la neige et de la glace."
de sneeuw en van het ijs
() () ()

Mais la méchante fille insista, et la mère dit à Laura:
Maar het gemene meisje drong aan en de moeder zei tegen Laura

"Allez à la forêt cueillir un bouquet de sept violettes
Gaat naar het bos om te plukken een boeket van zeven viooltjes

pour votre soeur."
voor uw zuster

Laura regarda sa mère avec surprise, et répondit: "Ma
Laura keek naar haar moeder met verbazing en antwoordde Mijn

mère, c'est impossible! Dans cette saison il y a
moeder het is onmogelijk in dit seizoen het er heeft
(er is)

seulement de la neige et de la glace dans la forêt."
slechts van de sneeuw en van het ijs in het bos
() () () ()

Mais la mère insista, et la pauvre Laura partit.
Maar de moeder drong aan en de arme Laura vertrok
(ging op weg)

Elle alla à la forêt, chercha les violettes, et trouva
Zij ging naar het bos zocht de viooltjes en vond

seulement de la neige et de la glace. La pauvre fille
slechts van de sneeuw en van het ijs Het arme meisje
() () () ()

dit: "J'ai froid; où y a-t-il du feu?" Elle regarda à
zei Ik heb koud waar er heeft het van het vuur Ze keek naar
(Ik heb het) (is er) ()

droite, elle regarda à gauche, et elle vit un grand feu
rechts zij keek naar links en zij zag een groot vuur

à une grande distance. Elle alla à ce feu, et vit
op een grote afstand Ze ging naar dit vuur en zag

douze hommes assis autour du feu. Trois hommes
twaalf mannen zittend rond van het vuur Drie mannen
(het)

avaient de longues barbes blanches et de longues robes
hadden van lange baarden wit en van lange gewaden
() ()

blanches; trois hommes avaient de longues barbes
wit drie mannen hadden van lange baarden
()

blondes et de longues robes vertes; trois hommes
blond en van lange gewaden groen drie mannen
()

avaient de longues barbes brunes et de longues robes
hadden van lange baarden bruin en van lange gewaden
() ()

jaunes, et trois hommes avaient de longues barbes
geel en drie mannen hadden van lange baarden
()

noires et de longues robes violettes.
zwart en van lange gewaden paars
()

La   petite   fille   s'approcha   en   silence,   et   elle   vit   qu'un
Het   kleine   meisje   kwam naderbij   in   stilte   en   ze   zag   een

des   hommes   à   barbe   blanche   avait   un   bâton   à   la   main.
van de   mannen   met   baard   wit   had   een   staf   in   de   hand

Cet   homme   se   tourna   et   dit:
Deze   man   draaide zich om   en   zei

"Petite   fille,   que   cherchez   vous   dans   la   forêt?"
Klein   meisje   wat   zoekt   u   in   het   bos

La   petite   fille   répondit:
Het   kleine   meisje   antwoordde

"Monsieur,   je   cherche   des   violettes."
Mijnheer   ik   zoek   van de   viooltjes
()

L'homme   à   barbe   blanche   dit: "Ma   pauvre   petite   fille,   ce
De man   met   baard   wit   zei   Mijn   arme   kleine   meisje   dit

n'est   pas   la   saison   des   violettes,   c'est   la   saison   de   la
is niet   niet   het   seizoen   van de   viooltjes   het is   het   seizoen   van   de
()

neige   et   de   la   glace."
sneeuw   en   van   het   ijs

"Oui," dit la petite fille, "mais ma mère a dit: 'Allez à
Ja   zei   het   kleine   meisje   maar   mijn   moeder   heeft gezegd   Ga   naar

la forêt cueillir un bouquet de violettes pour votre
het   bos   om te plukken   een   boeket   van   viooltjes   voor   uw

soeur,' et je suis forcée d'obéir."
zuster   en   ik   ben   gedwongen   om te gehoorzamen

L'homme à barbe blanche regarda la petite fille un
De man   met   baard   wit   keek naar   het   kleine   meisje   een

instant, et dit:
moment   en   zei

"Chauffez-vous, ma pauvre enfant."
Warm uzelf   mijn   arme   kind

Alors il prit son bâton, se tourna vers un des hommes
Toen   hij   nam   zijn   staf   keerde zich   naar   een   van de   mannen

à barbe blonde, lui donna le bâton et dit:
met   baard   blond   hem   gaf   de   staf   en   zei

"Frère Mai, les violettes sont votre affaire. Voulez-vous
Broeder   Mei   de   viooltjes   zijn   uw   zaak   Wilt u

aider cette petite fille?"
helpen   dit   kleine   meisje

"Certainement," répondit Frère Mai. Il prit le bâton et
Zeker antwoordde Broeder Mei Hij nam de staf en

attisa le feu. En un instant la glace disparut, et la
pookte op het vuur In een moment het ijs verdween en de
(ogenblik)

neige aussi. La petite fille n'avait plus froid, elle avait
sneeuw ook Het kleine meisje niet had meer koud zij had
(had het)

chaud. Un instant après elle vit que l'herbe était verte,
warm Een moment daarna zij zag dat het gras was groen

et bientôt elle vit beaucoup de violettes dans l'herbe.
en snel ze zag veel van viooltjes in het gras
(al snel) ()

Alors Frère Mai se tourna vers elle et dit: "Ma chère
Toen Broeder Mei keerde zich naar haar en zei Mijn lieve

petite fille, cueillez un bouquet de violettes, aussi vite
kleine meisje pluk een boeket van viooltjes zo snel

que possible, et partez." La petite fille cueillit un
als mogelijk en vertrek Het kleine meisje plukte een

bouquet de sept violettes, dit: "Merci, mon bon monsieur
boeket van zeven viooltjes zei Dank u mijn goede mijnheer

Mai," et partit.
Mei en ging weg

99 Les Quatre Saisons

Frère Mai donna le bâton à l'homme à barbe blanche,
Broeder Mei gaf de staf aan de man met baard wit

il attisa le feu, et en un instant les violettes et
hij pookte op het vuur en in een moment de viooltjes en
(ogenblik)

l'herbe avaient disparu, et la glace et la neige étaient
het gras hadden verdwenen en het ijs en de sneeuw waren
(waren)

là comme avant.
er als tevoren

La petite fille alla à la maison et frappa à la porte.
Het kleine meisje ging naar het huis en klopte op de deur

La mère ouvrit la porte et dit: "Avez-vous les sept
De moeder opende de deur en zei Hebt u de zeven

violettes?"
viooltjes

"Oui, ma mère," répondit Laura, et elle donna les
Ja mijn moeder antwoordde Laura en zij gaf de

violettes à sa mère.
viooltjes aan haar moeder

"Où avez-vous trouvé ces violettes?" dit la mère.
Waar hebt u gevonden deze viooltjes zei de moeder

"Dans la forêt," répondit Laura, "il y avait beaucoup de
in het bos antwoordde Laura het er had veel van
() (waren) ()

violettes dans l'herbe."
viooltjes in het gras

La mère de Laura était très surprise, mais elle ne dit
De moeder van Laura was zeer verrast maar zij niet zei
() ()

rien.
niets

Le lendemain la méchante fille dit à sa mère: "Ma
De volgende dag het gemene meisje zei tegen haar moeder Mijn

mère, envoyez Laura à la forêt cueillir huit fraises."
moeder zend Laura naar het bos om te plukken acht aardbeien

"Des fraises, dans cette saison, c'est impossible, ma
Van de aardbeien in dit seizoen het is onmogelijk mijn
() (Aardbeien)

fille," répondit la mère.
dochter antwoordde de moeder

Mais Claire insista, et la mère dit à Laura: "Allez à
Maar Claire drong aan en de moeder zei tegen Laura Gaat naar

la forêt cueillir huit fraises pour votre soeur."
het bos om te plukken acht aardbeien voor uw zuster

Laura   regarda   sa   mère   avec   surprise,   et   dit: "Ma   mère,
Laura   keek naar   haar   moeder   met   verbazing   en   zei   Mijn   moeder

c'est   impossible!   Dans   cette   saison   il   y   a   de   la   glace
dat is   onmogelijk   In   dit   seizoen   het   er   heeft van   het   ijs
                                                    ()   (is) ()   ()

et   de   la   neige   dans   la   forêt   mais   pas   de   fraises."
en   van   de   sneeuw   in   het   bos   maar   niet   van   aardbeien
     ()   ()   ()

Mais   la   mère   insista,   et   la   pauvre   Laura   partit.
Maar   de   moeder   drong aan   en   de   arme   Laura   vertrok
                                                        (ging op weg)

Elle   alla   à   la   forêt,   chercha   les   fraises,   et   trouva
Zij   ging   naar   het   bos   zocht   de   aardbeien   en   vond

seulement   de   la   neige   et   de   la   glace.   La   pauvre   fille
slechts   van   de   sneeuw   en   van   het   ijs   Het   arme   meisje
          ()   ()   ()   ()

dit: "J'ai   froid!   où   y   a-t-il   du   feu?"   Elle   regarda   à
zei   ik heb   (het) koud   waar   er heeft het   van het   vuur   Zij   keek   naar
                              (is er)   ()

droite   et   à   gauche,   et   elle   vit   un   grand   feu   à   une
rechts   en   naar   links   en   zij   zag   een   groot   vuur   op   een

grande   distance.   Elle   s'approcha   de   ce   feu   et   vit   les
grote   afstand   Zij   ging dichterbij   van   dit   vuur   en   zag   de
                                            ()

douze   hommes.
twaalf   mannen

Trois   hommes   avaient   des   barbes   blanches   et   des   robes
Drie   mannen   hadden   van de   baarden   wit   en   van de   gewaden
                          ()   ()

blanches,   trois   hommes   avaient   des   barbes   blondes   et
wit   drie   mannen   hadden   van de   baarden   blond   en
                                               ()

des   robes   vertes,   trois   hommes   avaient   des   barbes
van de   gewaden   groen   drie   mannen   hadden   van de   baarden
()   ()

brunes   et   des   robes   jaunes,   et   trois   hommes   avaient
bruin   en   van de   gewaden   geel   en   drie   mannen   hadden
              ()

des   barbes   noires   et   des   robes   violettes.
van de   baarden   zwart   en   van de   gewaden   paars
()   ()

La   petite   fille   s'approcha   et   dit   à   l'homme   à   barbe
Het kleine   meisje   kwam naderbij   en   zei   tegen   de man   met   baard

blanche   qui   avait   un   bâton   à   la   main: "Monsieur,   j'ai
wit   die   had   een   staf   in   de   hand   Heer   ik heb

froid,   voulez-vous   me   permettre   de   me   chauffer   à   votre
(het) koud   wilt u   mij   toestaan   te   mij   warmen   bij   uw

feu?"
vuur

"Certainement,"   répondit   l'homme.   "Mon   enfant,   que
Zeker   antwoordde   de man   Mijn   kind   wat

cherchez-vous   dans   la   forêt   dans   cette   saison?"
zoekt u   in   het   bos   in   dit   seizoen

"Des   fraises,   monsieur."
Van de   aardbeien   mijnheer
()   (Aardbeien)

"Des   fraises,"   répéta   l'homme   avec   surprise,   "ce   n'est
Van de   aardbeien   herhaalde   de man   met   verbazing   dit   niet is
()   (Aardbeien)   (is)

pas   la   saison   des   fraises.   C'est   la   saison   de   la   glace
niet   het   seizoen   van de   aardbeien   Het is   het   seizoen   van   het   ijs

et   de   la   neige."
en   van   de   sneeuw

La   petite   fille   répondit: "Ma   mère   a   dit, 'Allez   à   la   forêt
Het   kleine   meisje   antwoordde   Mijn   moeder   heeft gezegd Ga   naar   het   bos

cueillir   des   fraises   pour   votre   soeur,'   et   je   suis   forcée
om te plukken van de   aardbeien   voor   uw   zuster   en   ik   ben   gedwongen
               ()

d'obéir."
van te gehoorzamen
(om te gehoorzamen)

Alors   l'homme   à   barbe   blanche   donna   son   bâton   à   un
Toen   de man   met   baard   wit   gaf   zijn   staf   aan   een

des   hommes   à   barbe   brune,   et   dit: "Frère   Juin,   les
van de   mannen   met   baard   bruin   en   zei   Broeder   Juni   de

fraises   sont   votre   affaire.   Voulez-vous   aider   cette   petite
aardbeien   zijn   uw   zaak   Wilt u   helpen   dit   kleine

fille?"
meisje

"Avec le plus grand plaisir," répondit Frère Juin. Il prit
Met het grootste genoegen antwoordde Broeder Juni Hij nam

le bâton et attisa le feu. En un instant toute la neige
de staf en pookte op het vuur In een moment al de sneeuw
(ogenblik)

et toute la glace avaient disparu. La petite fille n'avait
en al het ijs hadden verdwenen Het kleine meisje had
(waren) (het) niet

plus froid, elle avait chaud. Elle vit l'herbe verte, et
meer koud zij had warmte Zij zag het gras groen en
(voelde)

quelques minutes après elle vit beaucoup de fraises dans
enige minuten daarna zij zag veel van aardbeien in
()

l'herbe.
het gras

Alors Frère Juin se tourna vers elle et dit, "Ma chère
Toen Broeder Juni zich keerde naar haar en zei Mijn lieve

petite fille, cueillez vos fraises, vite, vite, et partez."
kleine meisje pluk uw aardbeien snel snel en vertrek

La petite fille cueillit les huit fraises, dit: "Merci, mon
Het kleine meisje plukte de acht aardbeien zei Dank u mijn

bon monsieur Juin," et partit.
goede mijnheer Juni en ging weg

Frère   Juin   donna   le   bâton   à   Frère   Janvier.   Il   attisa   le
Broeder   Juni   gaf   de   staf   aan   Broeder   Januari   Hij   pookte op   het

feu   et   en   un   instant   les   fraises   avaient   disparu,   et   la
vuur   en   in   een   moment   de   aardbeien   hadden   verdwenen   en   de
(waren)

neige   et   la   glace   étaient   là   comme   avant.
sneeuw   en   het   ijs   waren   er   als   tevoren

La   petite   fille   retourna   à   la   maison   et   frappa   à   la
Het   kleine   meisje   keerde terug   naar   het   huis   en   klopte   op   de

porte.   La   mère   ouvrit   la   porte,   et   demanda: "Où   sont
deur   De   moeder   opende   de   deur   en   vroeg   waar   zijn

les   huit   fraises?"   Laura   donna   les   fraises   à   sa   mère.
de   acht   aardbeien   Laura   gaf   de   aardbeien   aan   haar   moeder

"Où   avez-vous   trouvé   ces   fraises?"   demanda   la   mère.
waar   hebt u   gevonden   deze   aardbeien   vroeg   de   moeder

"Dans   la   forêt ;"   répondit   la   petite   fille,   "il   y   avait
in   het   bos   antwoordde   het   kleine   meisje   Het daar had   (er waren)

beaucoup   de   fraises   dans   l'herbe."   La   mère   était   très
veel   van   aardbeien   in   het gras   De   moeder   was   zeer
()

surprise.
verrast

Elle donna les fraises à la méchante fille, qui les
Zij gaf de aardbeien aan het gemene meisje die ze

mangea toutes.
op at allemaal

Le lendemain la méchante fille dit à sa mère: "Ma
De volgende dag het gemene meisje zei tegen haar moeder Mijn

mère, envoyez Laura à la forêt cueillir neuf pommes."
moeder zend Laura naar het bos om te plukken negen appels

La mère dit: "Ma fille, il n'y a pas de pommes dans la
De moeder zei Mijn dochter het niet daar heeft niet van appels in het
(er zijn geen) ()

forêt dans cette saison." Mais la méchante fille insista,
bos in dit seizoen Maar het gemene meisje drong aan

et la mère dit à Laura: "Ma fille, allez dans la forêt
en de moeder zei tegen Laura Mijn dochter gaat naar het bos
(gaat u)

cueillir neuf pommes pour votre soeur."
om te plukken negen appels voor uw zuster

Laura regarda sa mère avec surprise et dit: "Mais, ma
Laura keek naar haar moeder met verbazing en zei Maar mijn

mère, il n'y a pas de pommes dans la forêt dans
moeder het niet er heeft geen van appels in het bos in
() (er) (zijn) ()

cette saison." La mère insista, et Laura partit.
dit seizoen De moeder drong aan en Laura vertrok
(ging op weg)

Elle   regarda   à   droite   et   à   gauche,   mais   elle   ne   trouva
Zij   keek   naar   rechts   en   naar   links   maar   zij   niet   vond
()

pas   de   pommes.   Elle   avait   froid,   et   dit: "Où   y   a-t-il
geen   van   appels   Zij   had   koud   en   zei   Waar   er   heeft het
()   (het)   (is)

du   feu?"
van het   vuur
()

Dans   un   instant   elle   vit   le   même   feu   et   les   mêmes
in   een   moment   zij   zag   het   zelfde   vuur   en   de   zelfde

hommes.
mannen

Elle   s'approcha   et   dit   à   l'homme   à   barbe   blanche   qui
Zij   naderde   en   zei   tegen   de man   met   baard   wit   die

avait   le   bâton   à   la   main: "Mon   bon   monsieur,
had   de   staf   in   de   hand   Mijn   goede   mijnheer

voulez-vous   me   permettre   de   me   chauffer   à   votre   feu?"
wilt u   mij   toestaan   om   mij   te warmen   bij   uw   vuur

L'homme   répondit: "Certainement,   ma   pauvre   enfant;   que
De man   antwoordde   Zeker   mijn   arme   kind   wat

cherchez-vous   dans   la   forêt   dans   cette   saison?"   "Je
zoekt u   in   het   bos   in   dit   seizoen   Ik

cherche   des   pommes,   monsieur."
zoek   van de   appels   mijnheer
()

"C'est la saison de la neige et de la glace, ma
Het is het seizoen van de sneeuw en van het ijs mijn

pauvre enfant, ce n'est pas la saison des pommes."
arme kind dit is niet niet het seizoen van de appels

"Oui, monsieur, mais ma mère a dit: 'Allez chercher des
Ja mijnheer maar mijn moeder heeft gezegd Gaat zoeken van de ()

pommes,' et je suis forcée d'obéir," dit Laura.
appels en ik ben gedwongen te gehoorzamen zei Laura

Alors l'homme à barbe blanche prit son bâton, se tourna
Toen de man met baard wit nam haar staf keerde zich

vers un des hommes à barbe noire et dit:
naar een van de mannen met baard zwart en zei

"Frère Septembre, les pommes sont votre affaire.
Broeder September de appels zijn uw zaak

Voulez-vous aider cette pauvre petite fille?"
Wilt u helpen dit arme kleine meisje

"Certainement," répondit Frère Septembre.
Zeker antwoordde Broeder September

Il   prit   le   bâton,   attisa   le   feu,   et   dans   un   instant   la
Hij   nam   de   staf   pookte op het   vuur   en   in   een   moment   het
                                                                                  (ogenblik)

petite   fille   vit   un   pommier,   tout   couvert   de   pommes.
kleine   meisje   zag   een   appelboom   helemaal bedekt   van   appels
                                                                    (met)

Alors   Frère   Septembre   se   tourna   vers   la   petite   fille,   et
Toen   broeder   September   zich keerde   naar   het   kleine   meisje   en

dit: "Ma   chère   petite   fille,   cueillez   votre   pommes,   vite,
zei   Mijn   lieve   kleine   meisje   pluk   uw   appels   snel

vite,   et   partez."
snel   en   vertrek

La   petite   fille   cueillit   neuf   pommes   rouges,   dit: "Merci,
Het   kleine   meisje   plukte   negen   appels   rood   zei   Dank u

mon   bon   monsieur,"   et   partit.
mijn   goede   mijnheer   en   ging weg

Frère   Septembre   donna   le   bâton   à   Frère   Janvier,   qui
Broeder   September   gaf   de   staf   aan   Broeder   Januari   die

attisa   le   feu,   et   à   l'instant   le   pommier   disparut,   et   les
pookte op   het   vuur   en   op   het moment   de   appelboom   verdween   en   de
                                          (hetzelfde moment)

pommes   rouges   aussi,   et   la   neige   et   la   glace   étaient
appels   rood   ook   en   de   sneeuw   en   het   ijs   waren

là   comme   avant.
er   als   tevoren

La petite fille retourna à la maison, elle frappa à la
Het kleine meisje keerde terug naar het huis zij klopte op de

porte. La mère ouvrit la porte, et demanda: "Avez-vous
deur De moeder opende de deur en vroeg Heeft u

les neuf pommes?"
de negen appels

"Oui, ma mère," répondit la petite fille. Elle donna les
Ja mijn moeder antwoordde het kleine meisje Zij gaf de

pommes à sa mère et entra dans la maison.
appels aan haar moeder en ging binnen in het huis

La mère donna les pommes à la méchante fille. La
De moeder gaf de appels aan het gemene meisje Het

méchante fille mangea les neuf pommes, et demanda à
gemene meisje at de negen appels en vroeg aan

Laura: "Ma soeur, où avez-vous trouvé ces grosses
Laura Mijn zuster waar hebt u gevonden deze grote

pommes rouges?"
appels rood

"Dans la forêt, il y avait un grand pommier tout
In het bos het er had een grote appelboom helemaal
( ) (was)

couvert de pommes rouges," répondit Laura.
bedekt met appels rood antwoordde Laura

111 Les Quatre Saisons

La méchante fille dit à sa mère le lendemain: "Ma
Het gemene meisje zei tegen haar moeder de volgende dag Mijn

mère, donnez-moi mon manteau et mon capuchon. Je
moeder Geef mij mijn jas en mijn kap Ik

vais à la forêt cueillir beaucoup de violettes, de fraises,
ga naar het bos om te plukken veel van viooltjes van aardbeien
() ()

et de pommes."
en van appels
()

La mère donna le manteau et le capuchon à Claire,
De moeder gaf de jas en de muts aan Claire

qui partit.
die ging weg

Elle alla dans la forêt, elle vit de la glace et de la
Zij ging in het bos zij zag van het ijs en van de
() () () ()

neige, mais elle ne vit pas de violettes.
sneeuw maar zij niet zag geen van viooltjes
() ()

Elle ne vit pas de fraises, et elle ne vit pas de
Zij niet zag geen van aardbeien en zij niet zag geen van
() () () ()

pommes.
appels

Elle chercha à droite, elle chercha à gauche, en vain.
Zij zocht naar links zij zocht naar rechts in tevergeefs
()

Alors elle dit: "J'ai froid, où y a-t-il du feu?"
Toen zij zei ik heb (het) koud waar er heeft het van het vuur
(is er) ()

Elle regarda à droite et à gauche, et vit le grand feu
Zij keek naar rechts en naar links en zag het grote vuur

et les douze hommes, assis en silence autour du feu.
en de twaalf mannen, zittend in stilte rond het vuur

Claire s'approcha, et l'homme qui avait le bâton dit:
Claire zich naderde en de man die had de staf zei
(kwam naderbij)

"Mon enfant, que cherchez-vous dans la forêt dans cette
Mijn kind wat zoekt u in het bos in dit

saison?"
seizoen

"Rien," dit la méchante fille, qui était aussi très impolie.
Niets zei het gemene meisje die was ook zeer onbeleefd

Frère Janvier prit son bâton, attisa le feu, et dans un
Broeder Januari nam zijn staf pookte op het vuur en in een

instant la neige commença à tomber.
moment de sneeuw begon te vallen
(ogenblik)

113 Les Quatre Saisons

La méchante fille partit pour aller à la maison, mais
Het gemene meisje ging weg om te gaan naar het huis maar

en route elle tomba dans la neige et périt.
op weg zij viel neer in de sneeuw en kwam om

La mère dit: "Où est Claire?"
De moeder zei Waar is Claire

Un moment après la mère prit son manteau et son
Een moment daarna de moeder nam haar jas en haar

capuchon et partit pour chercher Claire.
kap en ging weg om te zoeken Claire

Elle chercha dans la forêt, elle arriva aussi au grand
Zij zocht in het bos zij kwam ook bij het grote

feu et vit les douze hommes.
vuur en zag de twaalf mannen

Frère Janvier dit: "Ma bonne femme, que cherchez-vous
Broeder Januari zei Mijn goede vrouw wat zoekt u

dans la forêt dans cette saison?" "Rien," répondit la
in het bos in dit seizoen Niets antwoordde de

mère, qui était aussi impolie.
moeder die was ook onbeleefd

Frère   Janvier   prit   son   bâton,   attisa   le   feu,   et
Broeder   Januari   nam   zijn   staf   pookte op het   vuur   en

à   l'instant   la   neige   commença   à   tomber.
op het moment   de   sneeuw   begon   te   vallen
(op hetzelfde moment)

La   mère   partit   pour   aller   à   la   maison,   mais   en   route
De   moeder   ging weg   om   te gaan   naar het   huis   maar   op   weg
                                                     ()

elle   tomba   dans   la   neige   et   périt   aussi.
zij   viel neer   in   de   sneeuw   en   kwam om ook

La   bonne   fille   était   seule   dans   la   maison,   mais   douze
Het   goede   meisje   was   alleen   in   het   huis   maar   twaalf

fois   par   an   elle   recevait   la   visite   d'un   des   douze
keer   per   jaar   zij   ontving   het   bezoek   van een   van de   twaalf
                                          ()

hommes.   Décembre,   Janvier,   et   Février   apportaient   de   la
mannen   December   Januari   en   Februari   brachten   van   het
                                                                     ()   ()

glace   et   de   la   neige;   Mars,   Avril,   et   Mai   apportaient
ijs   en   van   de   sneeuw   Maart   April   en   Mei   brachten
               ()   ()

des   violettes;   Juin,   Juillet,   et   Août   apportaient   de   petits
van de   viooltjes   Juni   Juli   en   Augustus   brachten   van   kleine
()   ()

fruits;   et   Septembre,   Octobre,   et   Novembre   apportaient
vruchten   en   September   Oktober   en   November   brachten

beaucoup   de   pommes.
veel   van   appels
            ()

115 Les Quatre Saisons

La petite fille était toujours très polie, et les douze
Het kleine meisje was altijd zeer beleefd en de twaalf

mois étaient ses bons amis.
maanden waren haar goede vrienden

LES   TROIS   CITRONS
DE   DRIE   CITROENEN

Il   y   avait   une   fois   un   prince   beau   comme   le   jour,
Het er had   een   keer   een   prins   mooi   als   de   dag
(Er was)

riche   et   aimable.   Le   roi,   son   père,   désirait   beaucoup   de
rijk   en   vriendelijk   De   koning   zijn   vader   wenste   erg   te

le   voir   marié,   et   tous   les   jours   il   lui   disait: "Mon   fils,
hem   zien   gehuwd   en   al   de   dagen   hem   hij   zei   Mijn   zoon

pourquoi   ne   choisissez-vous   pas   une   femme   parmi   toutes
waarom   niet   kies uzelf   niet   een   vrouw   tussen   al
()

les   belles   demoiselles   de   la   cour?"
de   mooie   jonge dames   van   het   hof

Mais   le   fils   regardait   toutes   les   demoiselles   avec
Maar   de   zoon   keek naar   al   de   jonge dames   met

indifférence,   et   refusait   toujours   de   choisir   une   femme.
onverschilligheid   en   weigerde   altijd   te   kiezen   een   vrouw

Enfin,   un   jour,   fatigué   des   remontrances   de   son   père,   il
Tenslotte   een   dag   moe   van de   vermaningen   van   zijn   vader   hij

dit:
zei

"Mon père, vous désirez me voir marié. Je n'aime pas
Mijn vader   u   wenst   mij   te zien gehuwd   Ik   niet vind leuk niet
                                                                              ()

les demoiselles de la cour. Elles ne sont pas assez
de   jonge dames   van het hof   Zij   niet zijn niet genoeg
                                                                ()

jolies pour me plaire. Je propose de faire un long
knap   voor mij om van te houden Ik stel voor te maken een lange

voyage, tout autour du monde, si c'est nécessaire, et
reis   helemaal rond   de   wereld   als dat is nodig   en

quand je trouverai une princesse, aussi blanche que la
als   ik zal vinden een prinses   even   wit   als   de

neige, aussi belle que le jour, et aussi intelligente et
sneeuw even   mooi als de dag   en even intelligent   en

aimable qu'un ange, je la prendrai pour femme, sans
plezant   als een engel   ik haar zal nemen als   vrouw   zonder

hésiter."
te aarzelen

Le roi était enchanté de cette décision, dit adieu à
De koning was opgetogen van dit   besluit   zei ga met-god
                                                       (het ga u goed)

son fils, lui souhaita un bon voyage, et le prince partit
zijn zoon hem wenste een goede reis   en de prins vertrok

tout joyeux.
helemaal gelukkig

Il commença son voyage gaiement, et alla tout droit
Hij begon zijn reis vrolijk en ging helemaal recht

devant lui. Enfin il arriva à la mer, où il trouva un
vooruit hem Tenslotte hij kwam bij de zee waar hij vond een

beau vaisseau à l'ancre.
mooi vaartuig aan het anker

Il s'embarqua sur ce vaisseau, et quelques minutes après
Hij scheepte zich in op dit vaartuig en enige minuten daarna

des mains mystérieuses et invisibles levèrent l'ancre, et
van de handen mysterious en onzichtbaar lichtten het anker en
()

le vaisseau quitta rapidement le port.
het vaartuig verliet snel de haven

Le prince navigua ainsi pendant trois jours.
De prins zeilde zo gedurende drie dagen

Alors le vaisseau arriva à une île.
Toen het vaartuig kwam bij een eiland

Le   prince   débarqua   avec   son   cheval,   et   continua   son
De   prins   ontscheepte   met   zijn   paard   en   vervolgde   zijn
(ontscheepte zich)

voyage,   malgré   le   froid   intense   et   la   neige   et   la   glace
reis   ondanks   de   koude   intens   en   de   sneeuw   en   het   ijs

qui   l'entouraient   de   tous   côtés.   Le   prince   était   surpris
welke   hem omringden   aan   alle   kanten   De   prins   was   verrast

de   se   trouver   déjà   en   hiver,   mais   il   continua   bravement
van   zich   te vinden   al   in   winter   maar   hij   vervolgde   dapper
()

son   chemin.
zijn   weg

Il   arriva   enfin   à   une   toute   petite   maison   blanche.   Il
hij   kwam   tenslotte   bij   een   zeer   klein   huis   wit   Hij

frappa   à   la   porte,   et   une   vieille   dame,   aux   cheveux
klopte   op   de   deur   en   een   oude   dame   aan de   haren
(met)

blancs,   ouvrit   la   porte.
wit   opende   de   deur

"Que   cherchez-vous,   jeune   homme?"   demanda-t-elle.
Wat   zoekt u   jonge   man   vroeg zij

121   Les Trois Citrons

"Je cherche une femme, la plus jolie au monde;
Ik zoek een vrouw de meest knappe in de wereld

pouvez-vous me dire où la trouver?" répondit le prince.
kan u mij zeggen waar haar te vinden antwoordde de prins

"Non, il n'y a pas de femme pour vous dans mon
Nee het niet er (er) heeft (is) geen van () vrouw voor u in mijn

royaume. Je suis l'Hiver, je n'ai pas le temps de
koninkrijk Ik ben de Winter Ik niet heb niet () de tijd van (om)

m'occuper de mariages. Mais allez visiter ma soeur,
me bezig te houden van (met) huwelijken Maar ga bezoeken mijn zuster

l'Automne, elle vous trouvera peut-être la femme idéale
de Herfst zij u zal vinden misschien de vrouw ideaal

que vous cherchez." Le prince remercia la belle dame
die u zoekt De prins bedankte de mooie dame

aux cheveux blancs, remonta à cheval, continua son
aan de (met) haren wit steeg te paard vervolgde zijn

chemin et remarqua bientôt que la neige et la glace
weg en merkte op snel dat de sneeuw en het ijs

avaient disparu, et que les arbres étaient tout couverts
hadden (waren) verdwenen en dat de bomen waren allemaal bedekt

de beaux fruits.
van (met) mooie vruchten

Il arriva bientôt après à une petite maison brune, et
Hij kwam snel erna bij een klein huis bruin en

frappa à la porte.
klopte op de deur

Une belle dame, aux yeux et aux cheveux noirs, ouvrit
Een mooie dame aan de ogen en aan de haren zwart opende
(met) (met)

la porte, et demanda d'une voix bien douce: "Que
de deur en vroeg van een stem zeer zacht Wat
(met een) (aangenaam)

voulez-vous, jeune homme, et que cherchez-vous ici dans
wilt u jonge man en wat zoekt u hier in

mon royaume?"
mijn koninkrijk

"Je cherche une femme," répondit le prince sans
Ik zoek een vrouw antwoordde de prins zonder

hésitation.
aarzelen

"Une femme!" répéta la belle dame avec surprise.
Een vrouw herhaalde de mooie dame met verbazing

"Je n'ai pas de femme pour vous. Je suis l'Automne,
Ik niet heb geen van vrouw voor u Ik ben de Herfst
(heb)

et je suis très occupée, je vous assure, car j'ai tous
en Ik ben zeer druk ik u verzeker omdat ik heb al

les fruits à cueillir. Allez faire visite à ma soeur, l'Été,
het fruit te verzamelen Ga maak bezoek bij mijn zuster de Zomer

elle aura peut-être le temps de s'occuper de vous et
zij zal hebben misschien de tijd om zich bezig te houden an u en
(met)

de vous trouver une jolie femme." Le prince, ainsi
van u te vinden een knappe vrouw De prins zo
(voor)

congédié, continua son voyage. Il remarqua avant bien
weggestuurd vervolgde zijn reis Hij bemerkte voor zeer

longtemps que l'herbe était haute, que le feuillage était
lange tijd dat het gras was hoog dat het gebladerte was
(al gauw)

épais, et que le blé était mûr. Il n'avait plus froid, au
dik en dat het graan was rijp Hij niet had meer koud in het
(niet was) (in)

contraire il avait bien chaud, et il fut très content
tegendeel hij had zeer warm en hij was zeer blij
(had het) (heel)

d'apercevoir une petite maison jaune, à peu de distance.
te zien een klein huis geel op kleine van afstand
()

125   Les Trois Citrons

Arrivé à la porte de cette petite maison, il heurta, et
Gearriveerd bij de deur van dit kleine huis hij klopte en

une jolie femme, aux cheveux bruns et aux joues
een knappe vrouw aan de haren bruin en aan de wangen
(met) (met)

rouges, ouvrit la porte en demandant:
rood opende de deur terwijl vragende

"Que voulez-vous, jeune homme, et que cherchez-vous
Wat wil u jonge man en wat zoekt u

dans mon royaume?"
in mijn koninkrijk

"Madame," dit le prince avec la plus grande politesse,
Mevrouw zei de prins met de meest grote beleefdheid
(grootste)

"j'ai eu l'honneur de faire visite à vos deux soeurs,
Ik heb gehad de eer te maken bezoek aan uw twee zusters

l'Hiver et l'Automne. Je leur ai demandé de me trouver
de Winter en de Herfst Ik hen heb gevraagd om mij te vinden

une femme, la plus jolie du monde, mais elles sont
een vrouw de meest knappe van de wereld maar zij zijn

trop occupées et m'ont envoyé chez vous."
te druk en hebben me gezonden naar u

126   Les Trois Citrons

"Pouvez-vous   me   procurer   la   femme   charmante   que   je
Kan u   mij   verkrijgen de   vrouw   charmant   die   ik
              (voor mij)

cherche   depuis   si   longtemps   en   vain?"
zoek   sinds   zo   een lange tijd   in   tevergeefs
                                     ()

"Ah,   mon   prince,"   répondit   la   belle   dame   aux   cheveux
Ach   mijn prins   antwoordde de   mooie   dame   met het   haar

bruns   et   aux   joues   rouges.
bruin   en   met de wangen rood

"Je   suis   aussi   fort   occupée,   et   je   n'ai   pas   le   temps
Ik   ben   ook   heel erg druk   en   ik   niet heb niet   de   tijd
                                                     (heb)

de   vous   trouver   une   femme.   Mais   allez   faire   visite   à
om   u   te vinden een   vrouw   Maar   ga   maken   bezoek   bij

ma   soeur,   le   Printemps,   elle   vous   aidera   certainement."
mijn zuster   de   Lente   zij   u   zal helpen   zeker

Le   prince   la   remercia   et   partit.
De   prins   haar bedankte   en   ging weg

Quelques minutes après il remarqua que l'herbe était
enige minuten daarna hij merkte op dat het gras was

d'un vert plus tendre, que tous les arbres étaient
van een groen meer fris dat al de bomen waren

couverts de fleurs, et vit une petite maison verte, au
bedekt met bloemen en zag een klein huis groen in het

milieu d'un jardin, où il y avait une grande quantité de
midden van een tuin waar het er had een grote hoeveelheid van
() (was)

belles fleurs: des tulipes, des jacinthes, des jonquilles,
mooie bloemen van de tulpen van de hyacinthen van de narcissen
() () ()

des violettes, des lilas, des muguets, etc., etc.
van de viooltjes van de seringen van de lelietjes van dalen etc etc
() () ()

Notre héros heurta à la porte de cette petite maison,
onze held klopte aan de deur van dit kleine huis

et une dame aux cheveux blonds et aux yeux bleus
en een dame aan de haar blond en aan de ogen blauw
(met) (met)

parut immédiatement. "Que cherchez-vous, jeune homme,"
verscheen onmiddellijk Wat zoekt u jonge man

demanda-t-elle?
vroeg zij

"Je cherche une femme. Vos trois soeurs, l'Hiver,
Ik   zoek   een   vrouw   Uw   drie   zusters   de Winter

l'Automne et l'Été étaient trop affairées pour
de Herfst   en   de Zomer   waren   te   druk   voor
(om)

m'en procurer une, mais j'espère bien que vous aurez
mij ervan vinden   eentje   maar   ik hoop   heel erg   dat   u   zal hebben
(voor mij te vinden)

compassion de moi, et que vous me trouverez la
medelijden   met   mij   en   dat   u   mij   zal vinden   de

personne charmante que je cherche depuis si longtemps
persoon   charmant   die   ik   zoek   sinds   zo   een lange tijd

en vain."
in   tevergeefs
()

"Oui, mon prince, je vous aiderai," répondit la jolie
Ja   mijn   prins   Ik   u   zal helpen   antwoordde   de   knappe

jeune femme. "Entrez dans ma petite maison,
jonge   vrouw   Kom binnen   in   mijn   kleine   huis

asseyez-vous là, à cette petite table, et je vous
ga zitten   daar   bij   die   kleine   tafel   en   ik   u

donnerai à boire et à manger, car vous avez sans
zal geven   te   drinken   en   te   eten   omdat   u   hebt   zonder

doute bien faim et bien soif."
twijfel   erge   honger   en   veel   dorst

Le   prince   accepta   cette   invitation,   entra,   s'assit   à   table
De   prins   accepteerde   deze   uitnodiging   ging binnen   ging zitten   aan   tafel

et   mangea   et   but   avec   plaisir.
en   at   en   dronk   met   genoegen

Quand   il   eut   fini   son   repas,   le   Printemps   lui   apporta
Toen   hij   had   klaar met   zijn   maaltijd   de   Lente   hem   bracht
              (was)

trois   beaux   citrons,   un   joli   couteau   d'argent   et   une
drie   mooie   citroenen   een   mooi   mes   van zilver   en   een

magnifique   coupe   d'or,   et   dit:
prachtige   beker   van goud   en   zei

"Prince,   voici   trois   citrons,   un   couteau   d'argent   et   une
Prins   ziehier   drie   citroenen   een   mes   van zilver   en   een

coupe   d'or.   Je   vous   donne   ces   objets   magiques.   Quand
beker   van goud   Ik   u   geef   deze   objecten   magisch   Als

vous   arriverez   tout   près   du   château   de   votre   père,
u   zal komen   dicht   bij   van het   kasteel   van   uw   vader
                        (het)

arrêtez-vous   à   la   fontaine."
stop uzelf   bij   de   fontein
(houdt halt)

"Prenez ce couteau d'argent, coupez le premier citron, et
Neem dit mes van zilver snijdt de eerste citroen en

au même instant une belle princesse paraîtra. Elle vous
op het zelfde moment een mooie prinses zal verschijnen Zij u

demandera à boire. Si vous lui donnez immédiatement à
zal vragen te drinken Als u haar geeft onmiddellijk te

boire dans la coupe d'or, elle restera avec vous et
drinken in de beker van goud zij zal blijven met u en
(uit)

sera votre femme; mais si vous hésitez, même un
zal zijn uw vrouw maar als u aarzelt zelfs een

instant, elle disparaîtra, et vous ne la reverrez plus
moment zij zal verdwijnen en u niet haar zal weerzien meer

jamais."
nooit

"Si vous avez le malheur de la perdre, coupez le
Als u hebt de pech te haar verliezen snijdt de

second citron, et une seconde princesse paraîtra, qui
tweede citroen en een tweede prinses zal verschijnen die

vous demandera aussi à boire. Si vous ne lui donnez
u zal vragen ook te drinken Als u niet haar geeft

pas immédiatement à boire, elle disparaîtra aussi."
niet onmiddellijk te drinken zij zal verdwijnen ook

"Alors vous couperez le troisième citron, une troisième
Dan u zal snijden de derde citroen een derde

princesse paraîtra; elle demandera à boire, et si vous
prinses zal verschijnen zij zal vragen te drinken en als u

lui permettez de disparaître, aussi, vous n'aurez jamais
haar toestaat te verdwijnen ook u zal niet hebben nooit

de femme, et vous n'en mériterez pas, parce que vous
van vrouw en u niet het zal verdienen niet omdat u
() (een vrouw) ()

aurez été trop stupide."
zal hebben geweest te stom
(zal zijn)

Le prince écouta les instructions de la jolie dame avec
De prins luisterde naar de uitleg van de knappe dame met

beaucoup d'attention.
veel aandacht

Il prit le couteau d'argent, la coupe d'or et les trois
hij nam het mes van zilver de beker van goud en de drie

citrons, monta à cheval, et partit.
citroenen steeg te paard en ging weg

Il passa à travers le royaume du Printemps, de l'Été, de
Hij passeerde door het koninkrijk van de Lente van de Zomer van

l'Automne, de l'Hiver, arriva au bord de la mer, trouva
de Herfst van de Winter arriveerde aan de rand van de zee vond

le vaisseau, s'embarqua, et arriva au bout de trois
het vaartuig scheepte in en kwam aan het eind van drie
(scheepte zich in)

jours, au port où il s'était embarqué.
dagen bij de haven waar hij was ingescheept

Quelques jours après il arriva à la fontaine près du
Enige dagen daarna hij kwam bij de fontein bij het

château de son père.
kasteel van zijn vader

Il descendit de cheval, prit les trois citrons et le
Hij stapte af van paard nam de drie citroenen en het
(het paard)

couteau d'argent, remplit la coupe d'or d'eau pure à la
mes van zilver vulde de beker van goud met water zuiver bij de

fontaine, et quand ces préparatifs furent tous finis il
fontein en toen deze voorbereidingen waren allemaal beëindigd hij
(klaar)

coupa le premier citron d'une main tremblante.
sneed de eerste citroen met een hand bevend

133 Les Trois Citrons

Au même instant une princesse, belle comme le jour,
Op het zelfde moment een prinses mooi als de dag

se présenta devant lui, et dit timidement:
zich presenteerde voor hem en zei verlegen

"Prince, j'ai soif, voulez-vous, s'il-vous-plaît, me donner à
Prins ik heb dorst wil u alstublieft mij geven te

boire?"
drinken

Mais le prince était si occupé à l'admirer, qu'il oublia
Maar de prins was zo bezig met haar bewonderen dat hij vergat

la recommandation du Printemps, et ne lui donna pas à
het advies van de Lente en niet haar gaf niet te
()

boire.
drinken

La princesse le regarda un instant d'un air de reproche,
De prinses hem keek aan een moment met een uitdrukking van verwijt

et puis elle disparut. Le prince, au désespoir, pleura et
en toen zij verdween De prins met wanhoop huilde en

se lamenta.
zich betreurde

Il dit cent fois, au moins, qu'il était bien stupide de
hij zei honderd keer op het minst dat hij was zeer stom te
(op z'n)

laisser échapper une si belle princesse, et enfin il
laten ontsnappen een zo mooie prinses en tenslotte hij

se décida à couper le second citron.
besloot te snijden de tweede citroen

Une seconde princesse, plus belle que la première, se
Een tweede prinses meer mooi dan de eerste zich

présenta aussitôt, et dit: "Prince, j'ai soif, donnez-moi à
presenteerde gelijk en zei prins ik heb dorst geef me te

boire, s'il-vous-plaît."
drinken alstublieft

Mais le pauvre prince était si surpris de sa beauté,
maar de arme prins was zo verrast van haar schoonheid
(door)

qu'il resta là, la bouche ouverte, et oublia de lui
dat hij bleef daar de mond open en vergat te haar

donner à boire. La seconde princesse le regarda d'un
geven te drinken De tweede prinses hem keek aan met een

air de reproche, et disparut aussi.
blik van verwijten en verdween ook

Alors le prince pleura et se lamenta, et dit au moins
Toen de prins huilde en zich beklaagde en zei op het minst
(op z'n)

deux cents fois: "Je suis stupide, très stupide," mais la
twee honderd keer Ik ben stom zeer stom maar de

princesse avait complètement disparu.
prinses had volledig verdwenen
(was)

Après avoir pleuré longtemps, le prince se décida à
Na te hebben gehuild een lange tijd de prins zich besloot te
()

couper le troisième citron, et une troisième princesse,
snijden de derde citroen en een derde prinses

plus belle que les deux autres, se présenta devant lui:
meer mooi dan de twee anderen zich presenteerde voor hem

"Prince," dit-elle, timidement, "j'ai soif, donnez-moi à boire,
Prins zei ze verlegen ik heb dorst geef mij te drinken

s'il-vous-plaît."
alstublieft

Le prince lui donna à boire immédiatement.
de prins haar gaf te drinken onmiddellijk

Alors   la   princesse   s'assit   à   côté   de   lui,   et   quand   il
Toen   de   prinses   ging zitten aan   zij   van   hem   en   toen   hij

lui   demanda   si   elle   voulait   bien   être   sa   femme,   elle
haar   vroeg   of   zij   wilde   graag   zijn   zijn vrouw   zij

rougit,   et   dit,   "Oui."
werd rood en   zei   Ja

Le   prince   la   regarda   avec   admiration,   et   dit: "Que   vous
De   prins   haar bekeek   met   bewondering   en   zei   wat   u

êtes   belle!   Vous   êtes   la   plus   belle   personne   du   monde,
bent   mooi   U   bent   de   meest   mooie   persoon   van de wereld

j'en   suis   sûr!   Mais   votre   robe   n'est   pas   belle.   Elle   est
Ik ervan ben   zeker   maar   uw   jurk   is niet niet   mooi   Het   is
                                                  (is)   (hij)

trop   modeste.   Attendez   ici,   et   j'irai   au   château   de   mon
te   bescheiden Wacht   hier   en   ik zal gaan naar het kasteel van   mijn

père,   chercher   une   belle   robe   de   satin   blanc   et   une
vader   zoeken   een   mooie   japon   van   satijn   wit   en   een

voiture   pour   vous   présenter   à   mon   père   comme   une
koets   om   u   voor te stellen aan mijn   vader   als   een

grande   dame."
grote   dame

La princesse était très timide; elle avait peur de rester
De   prinses   was   erg   verlegen   zij   had   angst   te   blijven
                                            (was)   (bang)

seule, mais enfin elle consentit à rester près de la
alleen   maar   tenslotte   zij   stemde toe   te   blijven   dicht   bij   de

fontaine, et le prince partit. Il alla au château de son
fountain   en   de   prins   ging weg   Hij   ging   naar het   kasteel   van   zijn

père, dit qu'il avait trouvé une princesse, blanche comme
vader   zei   dat hij   had   gevonden   een   prinses   wit   als

la neige, belle comme le jour, et aimable et intelligente
de   sneeuw   mooi   als   de   dag   en   liefelijk   en   intelligent
( )

comme un ange, et promit de la présenter dans une
als   een   engel   en   beloofde   om   haar   voor te stellen   in   een
                                                                (binnen)

heure. Alors le prince alla demander une belle robe de
uur   Toen   de   prins   ging   vragen   een   mooie   japon   van

satin blanc à sa soeur favorite, donna ordre de
satijn   wit   aan   zijn   zuster   favoriet   gaf   bevel   om
          (van)

préparer la plus belle voiture, et fit tous les préparatifs
klaar te maken   het   meest   mooie   rijtuig   en   maakte al   de   voorbereidingen
                                                    (trof)

nécessaires pour recevoir la princesse avec honneur.
nodig   om   te ontvangen   de   prinses   met   eer

Quand tout fut prêt, il monta en voiture pour aller
Toen alles was klaar hij steeg in koets om te gaan
(de koets)

chercher la belle princesse qu'il était impatient de revoir.
zoeken de mooie prinses die hij was ongeduldig om weer te zien

Pendant son absence, la princesse, qui avait peur de
Tijdens zijn afwezigheid de prinses die had angst te
(was) (bang)

rester là toute seule, grimpa dans un grand arbre, près
blijven daar helemaal alleen klom in een grote boom dicht

de la fontaine, et se cacha dans le feuillage.
bij de fontein en zich verborg in het gebladerte

Tout son corps était complètement caché, mais sa jolie
Heel haar lichaam was volledig verborgen maar haar knappe

figure était visible, et se reflétait dans l'eau pure de la
figuur was zichtbaar en zich weerspiegelde in het water zuiver van de

fontaine, comme dans un miroir.
fontein als in een spiegel

Quelques minutes après, une servante arriva à la
Enige minuten daarna een dienstmeid kwam bij de

fontaine pour chercher de l'eau.
fontein om te zoeken van het water
() (water)

Elle avait une grande cruche, elle se pencha sur l'eau,
zij had een grote kan zij zich boog over het water

vit la jolie figure, et regarda à droite et à gauche
zag het mooie figuur en keek naar rechts en naar links

pour découvrir la personne à qui cette jolie figure
om te ontdekken de persoon aan wie dit knappe figuur

appartenait.
hoorde

Mais elle ne vit personne, et décida bientôt que l'image
Maar zij niet zag iemand en besloot spoedig dat het beeld

qu'elle voyait dans l'eau était celle de sa propre figure:
dat ze zag in het water was dat van haar eigen figuur

"Oh, que je suis jolie," dit-elle avec joie.
Oh wat ik ben knap zei ze met vreugde

141 Les Trois Citrons

"Que je suis jolie. Je suis aussi jolie qu'une princesse.
wat ik ben knap Ik ben zo knap als een prinses

Ma maîtresse dit toujours: 'Lucie, vous êtes laide, laide
mijn meesteres zegt altijd Lucie u bent lelijk lelijk

à faire peur,' mais ce n'est pas vrai. Je suis jolie, et
om te maken bang maar dit is niet niet waar Ik ben knap en
(is)

ma maîtresse est jalouse parce que je suis plus jolie
mijn meesteres is jaloers omdat ik ben meer knap

qu'elle. Je suis trop jolie pour porter de l'eau!" Et la
dan zij Ik ben te knap om te dragen van het water en de
() (water)

servante cassa sa cruche sur les pierres, et retourna
dienstmeid brak haar kan op de stenen en keerde terug

chez sa maîtresse, qui attendait l'eau avec impatience.
naar haar meesteres die wachtte op het water met ongeduld

"Où est la cruche?" demanda-t-elle. "Où est l'eau que
Waar is de kan vroeg ze Waar is het water dat

je vous ai dit de m'apporter?"
ik u heb gezegd te brengen mij

"J'ai   cassé   la   cruche, je   suis   trop   jolie   pour   porter   de
ik heb   gebroken   de   kan   Ik   ben   te   knap   om   te dragen van
                                                                                 ()

l'eau,"   dit   la   servante.
het water   zei   de   dienstmeid
(water)

"Vous!   Jolie!"   dit   la   dame   avec   étonnement,   "vous   êtes
Jij   knap   zei   de   dame   met   verbazing   u   bent

laide   à   faire   peur!"   Et   la   maîtresse,   en   colère,   battit   la
lelijk om   te maken   bang   en   de   meesteres   in   woede   sloeg   de

pauvre   servante,   lui   donna   une   autre   cruche,   et   la
arme   dienstmeid   haar   gaf   een andere   kan   en   haar

renvoya   en pleurant   à   la   fontaine.
zond terug   huilend   naar de   fontein

La   servante   retourna   lentement   à   la   fontaine,   se   pencha
De   dienstmeid keerde terug langzaam   naar de   fontein   boog zich

sur   l'eau,   vit   la   même   jolie   figure,   et   dit: "Oh,   que   je
over   het water   zag   het   zelfde   knappe   figuur   en   zei   Oh   wat   ik

suis   jolie!   Je   suis   sûre   que   je   suis   la   plus   jolie
ben   knap   Ik   ben   zeker   dat   ik   ben   de   meest   knappe

personne   du   monde!"
persoon   van de wereld

143   Les Trois Citrons

"Je ne porterai pas l'eau pour ma maîtresse," et elle
Ik niet wil dragen niet het water (water) voor mijn meesteres en zij

cassa la seconde cruche et retourna à la maison sans
brak de tweede kan en keerde terug naar het huis zonder

eau.
water

"Où est l'eau de la fontaine, esclave?" demanda la
Waar is het water van de fontein slavin vroeg de

maîtresse impérieusement.
meesteres op gebiedende toon

"L'eau est dans la fontaine, et la cruche est cassée.
Het water is in de fontein en de kan is gebroken

Je ne serai plus votre servante. Je suis trop jolie. Je
Ik niet zal zijn meer uw dienstmaagd Ik ben te mooi Ik

suis assez jolie pour épouser le prince."
ben genoeg mooi te (om te) trouwen de prins

Alors la maîtresse commença à rire, et dit:
Toen de meesteres begon te lachen en zei

144   Les Trois Citrons

"Que   vous   êtes   absurde,   Lucie;   vous   êtes   laide,   laide   à
wat   u   bent   belachelijk Lucie   u   bent   lelijk   lelijk   te

faire   peur;   retournez   à   la   fontaine!"
maken   bang   ga terug   naar de   fontein

La   servante   retourna   à   la   fontaine   avec   une   troisième
Het   dienstmeisje keerde terug naar de fontein   met   een   derde

cruche   et   se   pencha   sur   l'eau.   Quand   elle   vit   la   jolie
kan   en   boog   over   het water Toen   zij   zag   het   knappe

figure,   réfléchie   dans   l'eau   limpide,   elle   dit: "Oh,   que   je
figuur   weerspiegeld in   het water helder   zij   zei   Oh   wat   ik

suis   jolie!"   et   cette   fois   elle   parla   si   haut   que   la
ben   knap   en   deze   keer   zij   sprak   zo   luid   dat   de

princesse   dans   l'arbre   l'entendit.
prinses   in   de boom   het hoorde

Amusée   par   ces   exclamations,   elle   se   mit   à   rire.   La
Geamuseerd door   deze   uitspraken   zij   zette zich te   lachen   Het
                                                   (begon)

servante,   surprise,   leva   la   tête,   et   vit   la   jolie   princesse:
dienstmeisje verrast   richtte op het hoofd   en   zag   de   mooie   prinses

"Ah,"   pensa-t-elle,   "c'est   cette   personne-là   qui   a   causé
Ach   dacht ze   het is   die   persoon daar   die   heeft   veroorzaakt

tout   mon   malheur!   Je   me   vengerai!"   Alors   d'une   voix
al   mijn   ongeluk   Ik   mij   zal wreken   Toen   met een   stem

bien   douce,   elle,   dit: "Ma   jolie   dame,   pourquoi   êtes-vous
zeer   zoet   zij   zei   mijn   lieve   Vrouwe   waarom   bent u

dans   cet   arbre?"
in   die   boom

"Pour   attendre   le   prince,   mon   fiancé,   qui   est   allé   au
Om   te wachten op de   prins   mijn   verloofde   die   is   gegaan   naar het

palais   du   roi,   son   père,   chercher   une   belle   robe   de
paleis   van de koning   zijn   vader   te zoeken   een   mooie   japon   van

satin   blanc,   et   une   voiture."
satijn   wit   en   een   koets

"Ma   jolie   dame,   vos   beaux   cheveux   blonds   sont   en
Mijn   mooie   Vrouwe   uw   mooie   haren   blond   zijn   in

désordre,   voulez-vous   me   permettre   de   grimper   dans
de war   wilt u   mij   toestaan   van   te klimmen in
                                                    (om)

l'arbre   et   de   vous   les   arranger?"
de boom   en   van   u   ze   op te maken

La   princesse   consentit,   la   servante   grimpa   sur   l'arbre,   prit
De   prinses   stemde toe   de   dienstmeid   klom   in   de boom   nam

une   grande   épingle,   et   perça   la   tête   de   la   pauvre
een   grote   haarpin   en   doorboorde   het   hoofd   van   de   arme

princesse,   qui   jeta   un   cri   terrible   et   disparut.
prinses   die   slaakte   een   gil   vreselijk   en   verdween

La   servante,   surprise,   leva   la   tête   et   vit   un   joli   pigeon
De   dienstmeid   verrast   deed omhoog het   hoofd   en   zag   een   mooie   duif

blanc   qui   s'envolait   en   poussant   des   cris   plaintifs.   Alors
wit   die   wegvloog   uitende   van de   kreten   klagelijk   Toen
                                                 ()

la   servante   s'assit   à   la   place   de   la   princesse   et
het   dienstmeisje   zat neer   op   de   plaats   van   de   prinses   en

attendit   le   retour   du   prince.
wachtte op   de   terugkeer   van de   prins

Quelques   minutes   après   le   prince   arriva   avec   toute   sa
Enige   minuten   daarna   de   prins   kwam   met   heel   zijn

suite.   Il   regarda   à   droite   et   à   gauche,   et   ne   vit
entourage   hij   keek   naar   rechts   en   naar   links   en   niet   zag

personne.
iemand

Il commença à appeler:
Hij begon te roepen

"Ma princesse, ma belle fiancée, ma bien-aimée, où
Mijn prinses mijn mooie verloofde mijn welbeminde waar

êtes-vous?"
bent u

"Ici," répondit la servante.
Hier antwoordde de dienstmeid

Le prince courut à l'arbre avec empressement. Mais
De prins rende naar de boom met enthousiasme Maar

quelle ne fut pas sa surprise et son chagrin quand il
wat niet was niet zijn verbazing en zijn verdriet toen hij
()

vit la vilaine servante, au lieu de sa charmante fiancée.
zag de onaangename dienstmeid in de plaats van zijn charmante verloofde
(in)

"Où est ma princesse, ma fiancée, une dame belle
Waar is mijn prinses mijn verloofde een Vrouwe mooi

comme le jour et blanche comme la neige?" demanda-t-il.
als de dag en wit als de sneeuw vroeg hij

"Je suis votre fiancée," dit la servante; "je suis la belle
Ik ben uw verloofde zei de dienstmeid Ik ben de mooie

princesse, je suis votre bien-aimée. Mais pendant votre
prinses Ik ben uw welbeminde Maar tijdens uw

absence une méchante fée est venue et m'a changée
afwezigheid een gemene fee is gekomen en me heeft veranderd

en servante, comme vous voyez." Le prince était un
in dienstmeid als u ziet de prins was een

homme d'honneur, et comme il avait demandé la main
man van eer en daar hij had gevraagd de hand

de la jolie princesse, il pensa: "Je suis forcé d'épouser
van de knappe prinses hij dacht Ik ben gedwongen te trouwen

cette personne, parce qu' elle déclare qu'elle est ma
dit persoon omdat zij verklaart dat ze is mijn

fiancée."
verloofde

Alors il aida la servante à descendre de l'arbre et
Toen hij hielp het dienstmeisje te neerdalen van de boom en
(uit)

appela les dames d'honneur, qui regardèrent leur nouvelle
riep de dames van eer die keken naar hun nieuwe
(dames d'honneur; hofdames)

souveraine avec dégoût.
soevereine met afschuw

Le   prince   leur   ordonna   de   vêtir   la   servante,   et   elles   lui
De   prins   hen   beval   te   kleden   de   dienstmeid   en   zij   haar

donnèrent   la   belle   robe   de   satin   blanc,   le   voile   de
gaven   de   mooie   jurk   van   satijn   wit   de   sluier   van

mariée,   et   la   couronne   de   fleurs   d'oranger.   Mais   toute
huwelijk   en   de   kroon   van   bloemen   van oranjeboom   maar   al

cette   belle   toilette   la   faisait   paraître   plus   laide   que   jamais.
deze   mooie   uitdossing   haar   deed   lijken   nog   lelijker   dan   nooit
(ooit)

Quand   la   toilette   de   la   servante   fut   complètement   finie,
Toen   het   aankleden   van   de   dienstmeid   was   volledig   klaar

le   prince   la   conduisit   à   la   voiture,   prit   place   à côté
de   prins   haar   leidde   naar   de   koets   nam   plaats   naast

d'elle,   et   alla   au   château.
haar   en   ging   naar het   kasteel

Le   vieux   roi,   anxieux   de   voir   la   beauté   de   sa   future
De   oude   koning   verlangend   te   zien   de   schoonheid   van   zijn   toekomstige

belle-fille,   la   reçut   à   la   porte.
schoondochter   haar   ontving   aan   de   deur

Il regarda la servante avec surprise, se tourna vers son
hij keek naar de dienstmeid met verbazing keerde zich naar zijn

fils et dit avec colère:
zoon en zei met boosheid

"Mon fils, êtes-vous fou? Vous avez dit que la
Mijn zoon bent u gek U heeft gezegd dat de

princesse que vous aviez choisie était plus blanche que
prinses die u had gekozen was meer wit dan

la neige, plus belle que le jour, intelligente et aimable
de sneeuw meer mooi dan de dag intelligent en beminnelijk
()

comme un ange, et maintenant vous arrivez avec une
als een engel en nu u arriveert met een

vilaine servante, qui est laide à faire peur."
onaangename dienstmeid die is lelijk om te maken bang

Le roi était si en colère contre son fils qu'il lui tourna
De koning was zo in boosheid tegen zijn zoon dat hij hem keerde toe

le dos, et alla dans sa chambre, où il pleura de rage.
de rug en ging in zijn kamer waar hij huilde van woede

151   Les Trois Citrons

Le prince conduisit la servante à l'appartement qui avait
De prins voerde de dienstmeid naar het apartment dat had
(was)

été préparé pour elle.
geweest voorbereid voor haar

Il plaça le château et tous les domestiques à sa
Hij plaatste het kasteel en al de bedienden onder haar

disposition, et lui dit que leur mariage aurait lieu
beschikking en hij zei dat hun huwelijk zou hebben plaats

seulement le lendemain.
slechts de volgende dag

Alors le prince alla trouver son père, lui raconta toutes
Toen de prins ging te vinden zijn vader hij vertelde al

ses aventures, et déclara qu'il ne se consolerait jamais
zijn avonturen en verklaarde dat hij niet zou zijn getroost nooit
()

de la perte de la jolie princesse, mais, qu'étant un
van het verlies van de mooie prinses maar dat zijnde een

homme d'honneur, il ne pourrait jamais refuser d'épouser
man van eer hij niet kon nooit weigeren te trouwen
()

la servante.
de dienstmeid

Pendant que le prince était avec son père, la servante,
Tijdens dat de prins was met zijn vader de dienstmeid

heureuse de commander aux autres, alla partout dans le
gelukkig om te commanderen aan de anderen ging overal in het
(de)

palais, donna des ordres à tous les domestiques, et
paleis gaf van de bevelen aan al de knechten en
()

arriva enfin à la cuisine, où elle dit au chef de faire
kwam tenslotte bij de keuken waar zij zei aan de chef te maken
(chef-kok)

beaucoup de bonnes choses à manger.
veel van goede dingen om te eten
()

Pendant qu'elle donnait cet ordre, un joli pigeon blanc
Terwijl dat ze gaf dit bevel een mooie duif wit

vint se poser sur un arbre, tout près de la fenêtre de
kwam zichzelf zetten in een boom heel dicht bij het venster van

la cuisine, et poussa un petit cri plaintif.
de keuken en uitte een kleine roep klagelijk

La servante vit le pigeon, le montra au chef, et dit:
De dienstmeid zag de duif haar toonde aan de chef en zei
(chef-kok)

153 Les Trois Citrons

"Chef, prenez votre grand couteau, coupez la tête à ce
Chef neem uw grote mes snijdt het hoofd van die

pigeon, et faites-le rôtir pour mon souper."
duif en laat haar roosteren voor mijn avondeten

Le cuisinier prit son grand couteau, alla dans le jardin,
De kok nam zijn grote mes ging in de tuin

et tua le pauvre petit pigeon blanc.
en doodde de arme kleine duif wit

Trois gouttes de sang tombèrent à terre, et le chef
Drie druppels van bloed viel neer op aarde en de chef
() (de grond) (chef-kok)

porta le pigeon à la cuisine pour le rôtir pour le
droeg de duif naar de keuken om haar te roosteren voor het

souper de la servante, sa nouvelle maîtresse.
avondeten van de dienstmeid zijn nieuwe meesteres

Le prince avait quitté son père, et il s'était retiré dans
De prins had verlaten zijn vader en hij was teruggetrokken in

sa chambre pour pleurer la belle princesse.
zijn kamer om te bewenen de mooie prinses

Il était près de la fenêtre; il vit le cuisinier tuer le
Hij was dicht bij het venster hij zag de kok doden de

pigeon blanc, et il remarqua les trois gouttes de sang
duif wit en hij merkte op de drie druppels van bloed
( )

qui tombèrent à terre.
welke neervielen op aarde
(de grond)

Quelques minutes après que le cuisinier fut parti, le
Enige minuten na dat de kok was weggegaan de
(had)

prince remarqua trois petites plantes qui sortaient de
prins merkte op drie kleine planten die uit kwamen van
(uit)

terre à la place où les trois gouttes de sang du
aarde Op de plaats waar de drie druppels van bloed van de
(de grond) ( )

pigeon étaient tombées. Ces trois petites plantes
duif waren gevallen Deze drie kleine planten

poussaient avec une rapidité extraordinaire, et en quelques
groeiden met een snelheid buitengewoon en in enige

minutes le prince vit avec surprise trois arbres, tout
minuten de prins zag met verrassing drie bomen helemaal

couverts de fleurs.
bedekt van bloemen
(met)

Quelques minutes après les fleurs avaient disparu, et le
Enige minuten daarna de bloemen hadden verdwenen en de
(waren)

prince remarqua trois fruits verts.
prins bemerkte drie vruchten groen

En un instant les fruits étaient mûrs, et le prince vit
In een moment de vruchten waren rijp en de prins zag
(ogenblik)

avec surprise que ces fruits étaient trois citrons.
met verbazing dat deze vruchten waren drie citroenen

Il descendit dans le jardin, cueillit les trois citrons,
Hij ging naar beneden in de tuin plukte de drie citroenen

remonta dans sa chambre, remplit la coupe d'or d'eau
ging omhoog in zijn kamer vulde de beker van goud met water
(naar)

fraîche, et prit le couteau d'argent. Le pauvre prince
vers en nam het mes van zilver De arme prins

coupa le premier citron, en tremblant; la première
sneed de eerste citroen bevend de eerste

princesse parut, et demanda à boire, mais le prince dit:
prinses verscheen en vroeg te drinken maar de prins zei

"Oh non, charmante princesse, ce n'est pas vous que
Oh nee charmante prinses het is niet niet u die
()

je veux pour femme."
ik wil als vrouw

Il coupa le second citron, la seconde princesse parut,
Hij sneed de tweede citroen de tweede prinses verscheen

et il lui refusa aussi à boire. Mais quand il coupa le
en hij haar weigerde ook te drinken te geven Maar toen hij sneed de

troisième citron et que la troisième princesse parut, il lui
derde citroen en dat de derde prinses verscheen hij haar
(toen)

donna à boire avec empressement, et elle resta avec
gaf te drinken met enthousiasme en zij bleef bij

lui, et il l'embrassa avec joie. La jolie princesse raconta
hem en hij omhelsde haar met vreugde De mooie prinses vertelde

toutes ses aventures au prince, et il dit que la
al haar avonturen aan de prins en hij zei dat de

servante serait punie. Mais le prince était si heureux de
dienstmeid zou worden gestraft Maar de prins was zo gelukkig te

revoir sa chère princesse qu'il dansa de joie.
weer zien zijn lieve prinses dat hij danste van vreugde

Le roi, entendant le bruit dans la chambre du prince,
De koning horende het lawaai in de kamer van de prins

arriva en colère, ouvrit la porte, et dit: "Mon fils, vous
kwam in woede opende de deur en zei mijn zoon u

êtes décidément fou! Pourquoi dansez-vous maintenant?"
bent definitief gek Waarom danst u nu

"Oh mon père," répondit le prince, "je danse de joie,
Oh mijn vader antwoordde de prins Ik dans van vreugde

parce que j'ai retrouvé la chère princesse, la plus jolie
omdat ik heb teruggevonden de lieve prinses de meest mooie

femme du monde!" et le prince présenta la princesse à
vrouw van de wereld en de prins stelde voor de prinses aan

son père, qui la regarda avec admiration, et dit: "Mon
zijn vader die haar bekeek met bewondering en zei Mijn

fils, vous avez raison, cette princesse est belle comme
zoon u hebt gelijk deze prinses is mooi als

le jour, blanche comme la neige, et je suis sûr qu'elle
de dag wit als de sneeuw en ik ben zeker that ze
() (er zeker van)

est aussi bonne et intelligente qu'un ange!"
is ook goed en intelligent als een engel

Alors le roi demanda au prince comment il avait
Toen de koning vroeg van de prins hoe hij had

retrouvé la princesse, où elle avait disparu, et quand il
teruggevonden de prinses waar zij had verdwenen en toen hij
(was)

eut entendu toute l'histoire, il dit:
had gehoord heel de geschiedenis hij zei

"La servante est une très méchante femme. Elle mérite
De dienstmeid is een zeer gemene vrouw Zij verdient

une punition très sévère."
een straf zeer zwaar

Alors le roi prit un grand voile, le jeta sur la tête
Toen de koning nam een grote sluier deze wierp op het hoofd

de la princesse, et la mena dans la grande salle, où
van de prinses en haar begeleidde in de grote zaal waar
(naar)

tous les courtisans étaient assemblés autour de la
al de hovelingen waren verzameld rond van de
()

servante, qui portait une robe de satin rose toute
dienstmeid die droeg een gewaad van satijn roze helemaal

couverte de perles et de diamants.
bedekt van parels en van diamanten
(met) (met)

Le   roi   s'avança   vers   la   servante   et   dit:
De   koning   ging toe   naar   de   dienstmeid   en   zei

"Madame,   demain   vous   pensez   être   la   reine   de   ce
Mevrouw   morgen   u   denkt   te zijn   de   koningin   van   dit
(te worden)

royaume.   Donnez-moi   votre   opinion,   et   dites-moi   quelle
koninkrijk   Geef mij   uw   mening   en   zeg me   welke

punition   mérite   la   personne   qui   attaquerait   la   future
straf   verdient   de   persoon   die   zou aanvallen   de   toekomstige

femme   du   prince,   mon   fils?"
vrouw   van de   prins   mijn   zoon

"Une   personne   qui   attaquerait   la   femme   de   votre   fils
Een   persoon   die   zou aanvallen   de   vrouw   van   uw   zoon

mériterait   une   mort   terrible.   Elle   mériterait   d'être   jetée
zou verdienen   een   dood   vreselijk   Zij   zou verdienen   te zijn   geworpen

dans   un   grand   four,   rôtie   toute   vive,   et   je
in   een   grote   oven,   geroosterd   helemaal   levend   en   ik

commanderais   que   ses   cendres   fussent   jetées   au   vent."
zou bevelen   dat   haar   as   zou worden   geworpen   in de   wind

Le   roi   répondit:
De   koning   antwoordde

"Madame,   vous   avez   prononcé   votre   propre   punition.   Vous
Mevrouw   u   heeft   uitgesproken   uw   eigen   straf   u

êtes   une   femme   cruelle!   Vous   avez   voulu   tuer   cette
bent   een   vrouw   wreed   u   hebt   gewild   te doden   deze

jolie   princesse,   la   future   femme   de   mon   fils,   et   vous
mooie   prinses   de   toekomstige   vrouw   van   mijn   zoon   en   u

serez   jetée   dans   un   four,   rôtie   toute   vive,   et   je
zal worden   geworpen   in   een   oven   geroosterd   helemaal   levend   en   ik

commanderai   que   vos   cendres   soient   jetées   au   vent!"
zal bevelen   dat   uw   as   is   geworpen   in de   wind

Alors   le   roi   leva   le   voile   de   la   princesse,   et   tous   les
Toen   de   koning   deed omhoog de   sluier   van   de   prinses   en   al   de

courtisans   et   toutes   les   dames   d'honneur   s'écrièrent:
hofdienaars   en   al   de   dames   van eer   riepen uit
(dames d'honneur: hofdames)

"Oh,   quelle   jolie   princesse!"
Oh   wat een   mooie   prinses

161 Les Trois Citrons

La pauvre servante se jeta à genoux devant le roi, et
De arme dienstmeid gooide zichzelf op knieën voor de koning en
(de knieën)

dit:
zei

"Mon roi, mon roi, ayez compassion de moi, ayez
Mijn koning mijn koning heb genade voor mij heb

compassion de moi, ne me faites pas rôtir toute vive
genade voor mij niet mij laat niet roosteren helemaal levend
()

dans un four. Pardon, mon roi, pardon!"
in een oven Vergeving mijn koning vergeving

Mais le roi refusa de pardonner à la servante; alors la
Maar de koning weigerde te vergeven aan de dienstmeid Toen de
()

belle princesse s'avança, et dit:
mooie prinses kwam naar voren en zei

"Votre majesté a promis de me donner un beau cadeau
Uwe majesteit heeft beloofd van mij te geven een mooie geschenk
()

de noces. Donnez-moi la vie de cette pauvre créature
van huwelijk Geef mij het leven van dit arme schepsel

si ignorante!"
zo onwetend

Le roi consentit à la demande de la princesse, qui
De koning gaf toe aan de vraag van de prinses die

trouva une bonne place pour la servante, et tout le
vond een goede plaats voor de dienstmeid en heel de
[iedereen]

monde déclara que la nouvelle reine était aussi bonne
wereld sprak uit dat de nieuwe koningin was even goed

que belle.
als mooi

Le mariage du prince et de la princesse fut célébré le
Het huwelijk van de prins en van de prinses was gevierd de
(werd)

lendemain avec beaucoup de pompe et de cérémonie, et
volgende dag met veel van pracht en van praal en
() ()

le prince et la princesse furent heureux tout le reste
de prins en de prinses waren gelukkig heel de rest

de leur vie, et regrettés après leur mort de tous leurs
van hun leven en betreurd na hun dood door al hun

sujets.
onderdanen

163 Les Trois Citrons

Het boek dat je nu leest bevat de papieren of digitale versie van de krachtige e-boek applicatie van Bermuda Word. Onze e-boeken met geïntegreerde software zorgen ervoor dat je vloeiend wordt in Frans lezen en luisteren, snel en gemakkelijk! Neem contact op, en ontvang 30% Discount op de Windows PC software versie van dit e-boek!

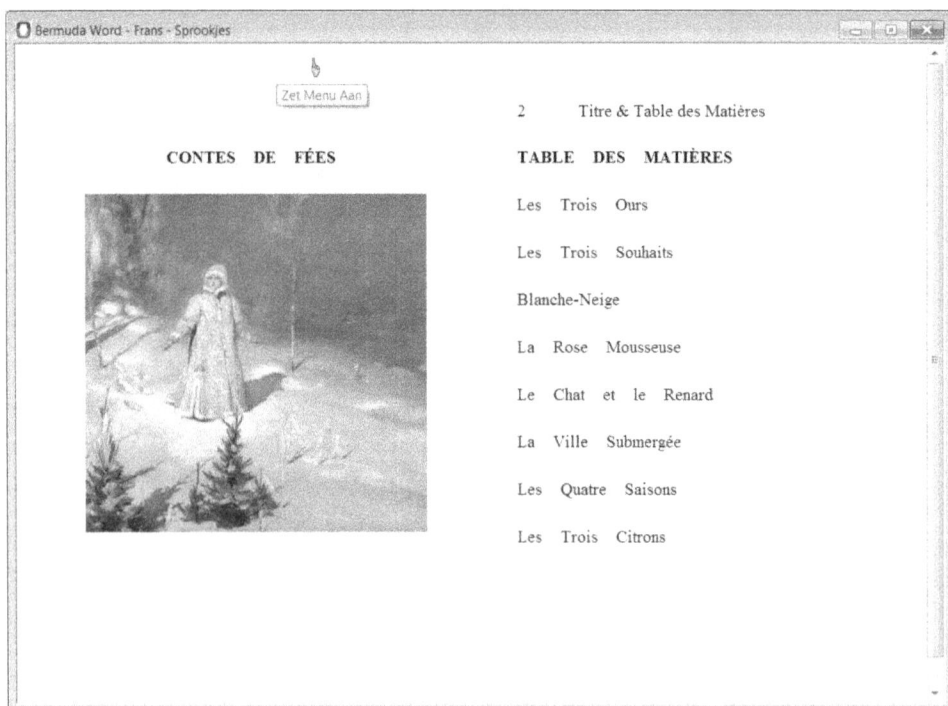

Bermuda Word - Frans - Sprookjes

Zet Menu Aan

2   Titre & Table des Matières

CONTES   DE   FÉES

TABLE   DES   MATIÈRES

Les   Trois   Ours

Les   Trois   Souhaits

Blanche-Neige

La   Rose   Mousseuse

Le   Chat   et   le   Renard

La   Ville   Submergée

Les   Quatre   Saisons

Les   Trois   Citrons

De standalone e-reader software bevat de e-boek tekst, is met audio en integreert **spaced repetition woordoefeningen** voor **optimaal leren van een taal**. Kies je font type of grootte en lees als je zou doen met een normale e-reader. Zonder woorden opzoeken doorlezen door de **onmiddelijke mouse-over pop-up vertalingen**, of klik een woord om het **toe te voegen aan je woordenlijst**. De software weet welke woorden zeldzaam zijn en meer oefening nodig hebben.

Met het Bermuda Word e-boek programma **onthoud je alle woorden** makkelijk door lezen en luisteren en efficiënt oefenen!

LEARN-TO-READ-FOREIGN-LANGUAGES.COM

www.ingramcontent.com/pod-product-compliance
Lightning Source LLC
Chambersburg PA
CBHW021126020426
42331CB00005B/645